安庆师范大学学术著作出版基金资助出版

博士论丛

金融市场因素对全球石油价格波动的影响研究

Research on the Impact of Financial Market Factors on Global Oil Price Fluctuation

张支南 著

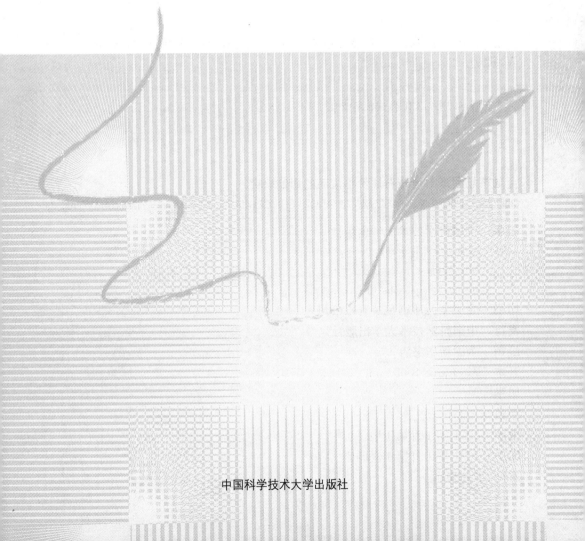

中国科学技术大学出版社

内 容 简 介

金融市场因素是影响油价波动的关键原因。本书研究了金融因素在国际原油价格波动中的作用以及这些因素影响国际原油价格的机制、渠道。考虑到美元汇率波动与国际油价关系存在动态变化特征，构建了基于中介变量的"关键中介因素"理论，从而为金融因素影响国际油价提供更加细致的分析视角。

图书在版编目(CIP)数据

金融市场因素对全球石油价格波动的影响研究/张支南著. ——合肥:中国科学技术大学出版社,2021.1
ISBN 978-7-312-04857-9

Ⅰ. 金…　Ⅱ. 张…　Ⅲ. 金融市场—影响—石油价格—物价波动—研究　Ⅳ. F407.225

中国版本图书馆 CIP 数据核字(2019)第 291098 号

金融市场因素对全球石油价格波动的影响研究
JINRONG SHICHANG YINSU DUI QUANQIU SHIYOU JIAGE BODONG DE YINGXIANG YANJIU

出版	中国科学技术大学出版社 安徽省合肥市金寨路 96 号,230026 http://press.ustc.edu.cn http://zgkxjsdxcbs.tmall.com
印刷	合肥华苑印刷包装有限公司
发行	中国科学技术大学出版社
经销	全国新华书店
开本	710 mm×1000 mm　1/16
印张	9
字数	153 千
版次	2021 年 1 月第 1 版
印次	2021 年 1 月第 1 次印刷
定价	40.00 元

前　言

　　石油是关系国计民生的重要战略资源,随着大宗商品"金融化"程度越来越深,石油的金融化定价现象也愈加明显。因此,金融市场的波动将会对国际石油市场与国际油价波动产生重要影响,探究金融因素在国际原油价格波动中的作用以及这些因素影响国际原油价格的机制、渠道便显得尤为重要。本书在回顾全球石油定价机制及石油价格变化的基础上,试图从货币供给因素、金融市场投机因素和汇率因素等角度,明确金融因素对国际油价的一般性影响机理。同时,一方面,考虑到近年来中国因素在国际石油价格波动中的影响力日益提升,从"宏观经济变动"渠道、"宏观新闻"影响渠道、金融市场信息传递渠道、外汇市场预期渠道等角度总结了中国金融市场作用国际油价的影响渠道;另一方面,考虑到美元汇率波动与国际油价关系存在动态变化特征,构建了基于中介变量的"关键中介因素"理论,从而为金融因素影响国际油价提供更加细致的分析视角。

　　本书通过实证研究发现:

　　(1) 2000 年以来,以投机冲击、美元指数和国际货币流动性等为代表的金融市场因素是导致国际原油价格波动的重要原因,这些因素的波动对石油价格的影响具有一定的滞后性。与实际供给和实际总需求等基本面因素相比,2008 年金融危机之后金融市场因素对国际油价变动的解释力明显增强,并远远高于基本面因素,说明金融市场因素已成为影响油价变动的关键原因,金融市场因素影响力的提升既与国际石油市场的"金融化"趋势有关,同时也与 2008 年金融危机后全球金融市场自身的动荡有关。

（2）金融危机前，中国股票市场和人民币即期汇率尚未对国际石油价格产生作用，但人民币汇率预期的变化作用显著；金融危机后，中国金融市场因素的影响力明显增强。从各因素影响程度来看，中国股票市场作用最强，外汇市场预期次之，人民币即期汇率再次之。但是和美国股市、美元指数等国际金融市场因素相比，中国金融市场因素的解释力和影响力还明显不足，未来还有很大的提升空间。

（3）1990年以后，原油价格和美元指数之间的相关性呈现出明显的时变性特征。导致这种时变性特征的原因主要在于是否存在同时对两个市场波动具有重要影响的关键中介因素。在金融危机爆发前，市场预期及由此引起的对冲交易策略是两者成负向关系的中介；金融危机爆发后，金融市场情绪成为两者负向关系的中介，而其他时期由于缺乏共同的关键性因素，致使两者相关性较弱。总而言之，要合理判断和预测国际石油价格的波动，不仅需要关注国际及中国金融市场变化，更需要结合具体宏观经济环境进行审慎分析。

作　者

2020年2月

目　　录

前言 ·· (ⅰ)

第1章　绪论 ·· (1)
1.1　研究背景 ··· (1)
1.2　研究意义 ··· (2)
1.3　文献综述 ··· (3)

第2章　全球石油价格波动历程及现状 ································· (11)
2.1　全球石油价格体系构成 ·· (11)
2.2　全球石油定价机制历史变迁 ·· (12)
2.3　全球主要石油商品市场 ·· (14)
2.4　全球石油价格的基准 ··· (18)
2.5　全球石油价格波动的阶段性特征 ···································· (19)

第3章　全球石油价格波动中金融市场因素作用的理论基础 ······ (21)
3.1　货币供给因素 ·· (21)
3.2　金融市场投机因素 ·· (27)
3.3　美元汇率因素 ·· (33)

第4章　全球石油价格波动中金融市场因素作用的实证分析 ······ (36)
4.1　全球石油价格影响因素的变量选择及解释 ······················· (36)
4.2　计量模型介绍与基本统计描述 ······································· (46)
4.3　实证结果 ·· (49)

第5章　全球石油价格波动中的中国金融市场因素作用 ············ (62)
5.1　中国金融市场因素的影响机制 ······································· (63)
5.2　变量选择和数据统计描述 ··· (68)
5.3　计量方法与模型设定 ··· (71)

5.4　实证结果 …………………………………………………（ 75 ）
5.5　脉冲响应分析 ……………………………………………（ 83 ）
5.6　与金属期货品种的比较 …………………………………（ 90 ）
5.7　稳健性检验 ………………………………………………（100）

第6章　美元汇率与全球石油价格波动——基于每日数据的分析 …………（108）
6.1　数据来源与基本统计 ……………………………………（109）
6.2　实证方法与实证结果 ……………………………………（111）
6.3　稳健性检验 ………………………………………………（114）
6.4　关键中介因素假说与解释 ………………………………（115）

第7章　投资与政策建议 ………………………………………………（123）
7.1　投资建议 …………………………………………………（123）
7.2　政策建议 …………………………………………………（124）

参考文献 ………………………………………………………………（126）

第1章 绪　　论

1.1　研　究　背　景

作为现代工业发展重要的基础原材料和使用最广泛的能源,石油被广泛地应用到国民经济的各个部门,被称为"工业的血液"。由于石油在经济发展和产业增长中的重要性和战略性,其价格波动一直是国际上学术界与市场人士广泛关注的问题。根据国际能源机构统计,作为全球的主要燃料,2015年石油在能源消费中占比达32.9%,这是自1999年以来市场份额的首次增长。石油已然成为国际市场上交易量最大的大宗商品之一,国际原油价格波动对宏观经济乃至世界经济运行都产生了重要的影响。回顾全球经济发展史,国际原油价格的每一次波动,都会对全球经济增长特别是与原油关系密切国家或经济体的增长产生重要影响,典型代表是20世纪70年代后期的石油危机和2008年前后全球石油价格的大幅波动。一般来说,石油价格的大幅上涨会对全球经济增长产生一定的负面冲击,甚至会引发全球经济的衰退,如Hamilton(1983)就指出,油价的急剧上涨是1948~1972年美国经济几次衰退的重要因素之一。同时国际原油价格的波动对金融市场(Jones, Kaul, 1996; Kilian, Park, 2009; Wang et al., 2013)以及大宗商品价格(Wang et al., 2014; Chen, 2015)也产生了深刻的影响。另一方面,在世界经济一体化和金融全球化的大背景下,随着全球金融市场的飞速发展,以石油为代表的大宗商品"金融化"现象愈发明显,金融衍生产品特别是期货交易的广泛实行使金融市场成为石油价格形成的关键市场,很多实体需求冲击及地缘政治等供给因素的影响往往会扩散到金融市场,再通过金融市场对原油价格形成影响。

进入 21 世纪以来,国际石油市场发生了新的变化。两个特征越来越明显:第一,国际石油市场的全球化趋势越来越强。随着国际贸易和信息技术的蓬勃发展,石油已经成为了一种全球化商品,世界石油市场也逐步发展为一个全球性的市场。第二,石油市场与宏观经济和金融市场的联系越来越紧密,表现出明显的金融属性。石油的价格已经不再完全受供求关系的影响,而是显现出新的特征。例如,石油市场与其他金融市场如汇率市场、股票市场、期货市场等的联系显著加强,并有明显的"金融溢出效应"。同时,大部分石油贸易是通过金融市场来完成的,许多交易员参与石油交易并不是为了直接使用,而是为了利用价格波动牟利。这些经济活动反过来又会加剧市场的波动性。自 2000 年至金融危机爆发之前,国际原油价格一路上涨,2008 年之后价格波动愈加剧烈。但是,据国际能源署(IEA)统计,2000 年以后全球石油的总供给和总需求大致相当,总供给比总需求稍微多一点。因此,目前国际原油价格不再简单地由传统的供求基本面决定,而是由美元汇率、投机基金等金融市场因素主导。伴随着期货、期权、互换等衍生工具的发展,以及石油现货市场、期货市场、衍生品市场和石油美元市场之间的互动,石油经济系统已经变成高度复杂、高度精密的金融市场,若要理解国际原油价格波动,必须深度分析金融市场因素的作用。

1.2 研究意义

1.2.1 理论意义

基于石油在全球经济中的重要作用,学者们很早就开始关注国际原油价格了,最早可以追溯到 Hotelling(1931)的可消耗资源模型。到 20 世纪 70~80 年代,市场结构理论迅速发展,且能很好地解释当时石油输出国组织(OPEC)的行为、作用及影响,用市场结构模型研究国际原油价格波动风靡一时,但随着 OPEC 影响力的减弱,市场结构模型解释力大打折扣,理论上再难有重大突破。

传统经济学理论面临无法有效解释国际原油价格波动的境地,基于此,21世纪有学者提出用金融投机理论来解释石油价格波动。本书结合目前石油供需基本面的变化引入金融投机和全球货币供应量等新变量,完善对国际原油价格波动的解释。

1.2.2 现实意义

本书通过对2000年国际原油价格波动趋势以及其影响因素传导机制的分析,筛选出主要的影响因素并进行分阶段定量研究;探究出金融危机前后国际原油价格波动影响因素的变化以及这些因素影响国际原油价格的途径,以便更好地分析出国际原油价格如此剧烈波动的原因;总结出国际原油价格变化趋势的新规律,可以给国际石油市场的投资者以及我国政府提出一些建议,提醒投资者和政府应该关注主导因素的变化,以此来判断和预测国际原油价格波动。

1.3 文献综述

由于石油在全球经济中处于至关重要的地位,国内外关于石油价格波动的研究浩如烟海,这些研究分别从不同角度对原油价格波动的影响因素进行了研究,并得到了不同的结论。因此,要想对影响国际石油价格波动的众多因素进行较为完整的综述并不现实,考虑到本书的研究主题,下面主要从金融市场因素和基本面因素两个角度对相关研究进行评述,金融市场因素和基本面因素又分别包括一些具体的影响因素。

1.3.1 金融市场因素

1.3.1.1 货币供应量与原油价格

国际石油作为一种特殊的金融资产,其价格变动不可避免地受到资产价格变动的影响,而在资产价格变动的诸多研究中,学者们对货币供应量及背后的货币政策进行了大量的研究和分析。

大部分学者认为资产价格与货币供应量成正相关关系。Prinkel(1964)认为股价与货币供应量相关,但股价变动滞后于货币供应量变动。Urich 和 Wachtel(1981)的研究认为只有未被预期到的货币供应量变动才会引起利率变动,从而引起资产价格变动,资产价格变动与未被预期到的货币供应量变动方向一致。Baks 和 Kramer(1999)通过研究七国集团各类资产回报之间的关系,认为货币流动性与真实利率负相关,而与真实股价正相关,研究表明货币流动性增加导致真实利率下降,并进一步导致真实股价上涨。也有学者认为资产价格与货币供应量之间的关系并不是很大,甚至具有负相关关系。Pearce(1983)依据有效市场理论,将货币供应量的变化分为预期的和非预期的两种,通过检验货币供应量(M1)变动对股价的影响,认为只有非预期的货币供应量变化才会导致股市做出反应,甚至会出现货币供应量有一个非预期的增加,股价反而下降的现象。

上述研究主要讨论货币供应量对各类资产价格的影响,其他一些学者则专门探讨了货币供给或货币政策变化对原油价格的影响,并对两者可能存在的双向关系进行了探讨,即石油市场会影响货币政策的制定,货币政策同样会影响世界石油的供需。Barsky 和 Kilian(2002)的研究表明,20 世纪 70 年代,全球货币政策机制的变化造成了全球经济的增长及通货膨胀的发生,并最终影响实际石油价格。但 Kilian(2010)、Erceg 等(2011)则认为,20 世纪 90 年代以后,石油的价格和货币政策更多的是一种双向关系。Bernanke 等(1997)认为 1974 年和 1982 年美国经济的严重衰退正是美联储对油价冲击做出反应的结果,并认为中央银行应该关注通货膨胀,均衡通货膨胀与福利最大化的产出缺口。Kilian 和 Lewis(2011)则认为并没有令人信服的证据证明美联储对石油价格的应对机制超出了应对通货膨胀和实际产出的波动和冲击。Uhlig(2005)通过对脉冲响应变量施加符号约束,研究发现紧缩性货币政策冲击对实际产出的影响具有不确定性,但却能使大宗商品的价格快速下降。Winkler(2009)认为在预期和未预期的石油价格冲击下,最优政策并不能同时稳定价格、工资和福利有关的产出缺口。事实上,在石油价格冲击下,最佳政策的最大产出比在传统泰勒规则下更低。Barsky 和 Kilian(2004)指出大宗商品的价格波动与全球的货币条件紧密相关。Frankel(2013)基于利差交易模型,认为货币流动性是解释大宗商品价格协同波动的关键性指标,因为高利率会增加投机者的存货成本从而降低投机需求,对实际油价产生负向影响。Belke 等(2014)通过研究 1970~2008 年的货币供应量、利率、大宗商品价格之间的协整关系,认为在控制利率指标后,货币供应量成为大宗商品价格长期波动的决定性因素,全球货币流动性成为预测大宗商品价格上涨与否的重要指标。此外,Belke 等(2014)还证实了利率与大宗商品价格的负向关系,从而表明为缓解金融危机实施的量化宽松货币政策,是大宗商品包括石油价格上涨的重要原因。Hammoudeh 等(2014,2015)通过研究发现,中国及美国等重要国家紧缩的货币政策对大宗商品的价格具有消极影响,并对石油等部分大宗商品的价格有显著影响。Gillman 和 Nakov(2009)、Alquist 等(2012)、Bodenstein 等(2012)、Ratti 和 Vespignani(2013)等也得到类似的结论。因此,正如 Belke 等(2010)认为的那样:全球货币供给和国际原油价格相互影响,因此研究石油价格波动时应该将全球货币总量的变动考虑进去,特别是主要发达国家及新兴经济体的货币政策立场。

1.3.1.2 股票市场与石油价格

随着国际石油(作为大宗商品一种)和股票一样成为投资者资产组合的一部分,大宗商品交易者会同时观察股票市场来判断大宗商品市场的未来发展趋势(Silvennoinen,Thorp,2013;Vivian,Wohar,2012)。Malik 和 Ewing(2009)发现,2008 年之前美国西德克萨斯中质原油(West Texas Intermediate Crude Oil,WTI 原油)价格和金融、产业等部门股票市场价格指数之间存在溢出效应。Filis 等(2011)将股票市场分为石油出口国和进口国两类,利用 DCC-GARCH 模型表明,布伦特(Brent)原油价格和两类股票市场之间的相关性并没有明显差异。Choi 和 Hammoudeh(2010)研究发现,自 2003 年之后,美国标普 500 指数和石油等商品价格之间的相关性总体上不断增加,但他们没有分析 2008 年金融危机后的情况。Creti 等(2013)则将样本期扩展到金融危机后,探讨了石油等大宗商品价格和标普 500 指数的同步性,实证结果显示,股票市场与商品市场之间的相关系数是波动的,但与大部分商品之间是正相关的,金融危机后,这种相关性有所增强。其中,股票市场与石油的相关系数最高,其次是铜、铝等有色金属,与农产品的相关性相对较弱,与黄金、白银等贵重金属呈现负相关,凸显了贵重金属的避险属性。Delatte 和 Lopez(2013)使用 Copula 方法发现,2003 年之后,石油与股票市场的依存度较差,但 2008 年之后,这种依赖度都在不断上升。Büyükşahin 和 Robe(2014)的研究进一步显示,股票市场和石油等大宗商品市场在金融市场动荡时期的相互依赖性更强。

1.3.1.3　市场投机与原油价格

Kilian 和 Murphy(2014)将石油市场投机定义为"任何人购买原油不是为了当前的消费,而是为了将来使用",根据这个定义,投机性投资者可以有两个选择:购买现货石油并储存起来作为石油库存,或者购买原油期货合约。Hotelling(1931)认为投机将导致石油生产商放弃当前的生产,这样他们在未来就可以以更高的价格出售石油。Kilian 和 Murphy(2010)、Pirrong(2008)、Alquist 和 Kilian(2010)、刘惠杰(2005)、杜伟(2007)认为投机者的投机交易可能会增加石油库存,导致石油价格上涨。Kilian 和 Murphy(2010)设计了一个结构模型,衡量投机性需求冲击对石油价格的影响。在他们的模型中,投机需求冲击会提高石油库存和石油实际价格,但是并不能解释 2003~2008 年石油价格的飙升。Hamilton(2009)的研究表明,在 2007 年年底和 2008 年年初石油价格波动最剧烈的时候,原油库存已经明显低于历史水平,说明投机者可以通过购买大量的期货合约影响现货价格。石油市场参与者投机性地购买石油期货合约,会减少当前生产商的生产。虽然看起来投机性冲击可能与基本面并无直接联系,但是它会影响未来现货价格进而影响目前石油市场参与者的行为,使他们减少目前交易的需求转而积累库存。Kilian(2009)、Kilian 和 Murphy(2012)、Baumeister 和 Peersman(2013)使用结构向量自回归模型分析石油市场需求和供给的冲击,认为石油价格具有四个结构冲击:石油供应意外中断的冲击;经济周期的意外变化造成的石油需求的增加冲击;投机性需求的冲击;其他需求冲击。但他们没有得出投机因素影响大宗商品价格的结论。Juvenal 和 Petrella(2015)对该模型进行扩展,引入外部冲击(石油生产者的投机冲击和非基本面的金融投机冲击),发现金融投机对石油市场产生显著影响。Davidson(2008)、Krugman(2008,2009)和 Masters(2009)认为石油期货市场投机的增加是从 2000 年中期开始的。Jeffrey(2010)认为期货市场最重要的两个功能就是转移风险和价格发现,在一个运行良好的期货市场上,一些投机者的存在加强了市场的流动性,并可协助价格发现,这意味着一定程度的投机是市场所需要的功能,市场上的过度投机也有可能会扰乱市场、扭曲商品价格。Brunetti 等(2010)、Buyuksahin 等(2009)利用 2000 年中期以来美国商品期货交易委员会的数据进行研究,结果表明投机者通过增加石油期货市场的流动性抑制了石油价格的波动。Buyuksahin 和 Harris(2011)、Alquist 和 Gervais(2013)则发现投机指数与石油价格的每日变化之间的相关性是接近于零的。宋玉华等(2008)、孙泽生和管清友(2009)也认为没有显著的证据证明投机行为与石油价格波动密切相关。

1.3.1.4 美元汇率与原油价格

大量的研究(Yousefi,Wirjanto,2004;Cifarelli,Paladino,2010 等)均发现,原油价格变动与汇率变化之间成负相关。Krichene(2005)认为,美元名义有效汇率(NEER)的变动会影响以其他货币计价的石油进口价格,因此影响到全球石油需求和原油价格。Krugman(1983)、Golub(1983)认为美国、欧盟(或德国)及欧佩克(OPEC)构成了一个石油美元循环,随着油价上涨,石油美元的循环效应可能会使美元升值,OPEC 国家更愿意持有美元资产,随着 OPEC 国家购买更多的美国产品,第二轮的贸易效应将推动美元下跌。Kaufmann 和 Ullman(2009)强调,日益金融化的大宗商品市场在解释汇率与石油价格之间的联系方面发挥了重要的作用。基金经理会在大宗商品和金融资产之间进行套利,美元贬值,美国资产价格下跌,会让他们转向石油,导致石油价格上升,反之同样如此。

另外一些研究表明,美元汇率与全球石油价格的关系与不同时期的经济状态密切相关,存在明显的时变特征。Wu 等(2012)指出,美元指数和原油价格之间的关系随着时间变动而变动,2003 年之前两者相关性微弱,但 2003 年之后走向负相关并且这种负向关系逐渐加强。Reboredo 等(2014)对金融危机前后两者的关系进行了对比研究后发现,金融危机前原油价格与美元和主要货币(欧元、澳元、英镑、加元等)间的汇率之间有微弱的负向关系,并且时间尺度越长,相关系数越小,而金融危机后,原油价格与美元汇率间的负向关系在所有时间尺度上均明显增加。有些文献专注于分析美元汇率和原油价格究竟是谁引导谁的问题,但结论并不一致。如 Krichene(2005)、Zhang 等(2008)、Cheng(2008)认为是美元汇率引导原油价格波动,而 Lizardo 和 Mollick(2010)认为,长期内原油价格有助于解释美元价值变动,Reboredo 等(2014)则认为,金融危机后两者之间存在着相互依赖和"传染"现象。

1.3.2 基本面因素

1.3.2.1 石油供给与油价波动

Kaufmann 等(2004)通过计量分析表明 OPEC 产出会影响石油价格,但石油价格一般不会影响 OPEC 生产。Kilian(2006)认为石油价格波动主要受四个方面因素的影响:OPEC 导致的以及其他方面导致的石油供给冲击,工业品需求导致的以及其他方面导致的需求冲击。他对 1975~2005 年的石油数据进行分析,发现在不同时期各影响因素的相对重要性存在较大区别。Dees 等(2007)通过构建包括石油需求、石油供给(OPEC 供给和非 OPEC 供给)、OECD 石油库存以及 OPEC 配额的世界石油市场的计量经济学模型,发现石油需求和非 OPEC 供应对石油价格的变化没有显著影响,而 OPEC 配额和产能利用率会直接影响石油价格。Thomsen(2003)把石油价格波动归因于中断石油生产的力量是外源性的,是相对于美国经济中东政治事件引发的。这种政治事件的潜在例子包括 1973 年赎罪日战争之后的 1973~1974 年阿拉伯石油禁运、1978~1979 年伊朗革命、1980~1988 年两伊战争、1990~1991 年波斯湾战争、2002 年委内瑞拉危机、2003 年伊拉克战争和 2011 年利比亚事件。Hamilton(2009)分析了 2007 年和 2008 年石油价格冲击的原因及影响,认为石油价格波动源于政治事件导致的石油生产中断。Kesicki(2010)对 2003~2008 年国际油价飙升与 20 世纪 70 年代两次石油危机期间的油价波动进行比较,总结出国际石油价格波动的六个原因,其中一个就是地缘政治事件。不过,Kilian 和 Murphy(2014)则认为,这种政治事件的冲击都是暂时的,难以影响国际油价的长期走势。

1.3.2.2 石油需求与油价波动

Kilian(2009)、Morana(2013)指出,近十年来需求冲击对原油价格的影响力度更大。Kilian(2008)、Kilian 和 Murphy(2010)认为 2003~2008 年石油价格的飙升是由基于全球商业周期的需求冲击引起的。Kilian 和 Hicks(2013)认为 2003~2008 年国际石油价格的上涨与新兴经济体(特别是中国和印度)的强劲增长的需求预期相关;2008 年之后国际石油价格的下降与全球经济增速下降的预期相关。Beirne 等(2013)研究石油需求与石油价格波动的关系,发现中国 GDP 的增长与石油价格溢价相关,并且随着时间的推移而上升。Hamilton(2013)指出,1998 年以来,新兴工业化经济体消费了世界石油增长的三分之二。Hamilton(2009)认为,新兴经济体尤其是中国经济的高速增长助涨了原油需求,原油需求增速超过原油供给增速,造成了原油供需失衡,引发原油价格不断上涨。Li 和 Lin(2011)通过分析中印原油进口总量与国际原油价格之间的协整关系,认为原油价格持续上涨的重要推手在于中印原油需求的迅猛增加。

1.3.3 其他因素

国际石油价格还受到需求替代等因素的影响。一些新的能源供给替代层出不穷,比如可燃冰等新型替代能源的出现使消费者对石油的需求变得没那么依赖,页岩气的大规模开采也对传统石油生产和供给产生重要影响,消费者也在能源使用方面有了新的选择,石油也逐渐被别的能源所替代,从而对石油价格产生影响(Hamilton,2009;Kilian,2016)。随着经济技术的发展,原来必须广泛使用石油的民用行业,比如汽车行业也遭到了新技术的冲击。各类电动汽车配合着政府的各类环境政策,使消费者对石油的需求逐渐降低,或者有了新的替代。石油需求有了替代,自然会影响国际石油价格的波动。

1.3.4 文献评述

国际石油价格波动的影响因素的相关文献涉及供需基本面因素以及金融市场因素。供需基本面因素包括 OPEC 石油供给、非 OPEC 石油供给、石油需求、石油库存变化和政治事件导致的石油供给变动等方面;金融市场因素包括美元指数、投机冲击和全球货币流动性等方面。目前的研究对于供给和需求等基本面因素的作用基本可以达到共识,但对于金融市场因素在国际石油价格波动中起到的作用,还存在一些争议。

国内外众多学者对于国际石油价格波动的研究虽然种类繁多且具有重要的指导意义,但仍存在一些可以改进的地方。

第一,2000 年以后石油价格波动中金融市场因素等非传统基本面因素的影响作用越来越大,现有的文献一般只关注其中一个金融市场因素对石油价格的影响,缺乏多个金融市场因素的整体分析,对不同金融市场因素对石油价格波动的贡献值没有进行深入比较,也没有分析不同时间段内影响石油价格波动的主要因素。

第二,现有的石油价格波动分析主要针对单个金融市场因素的影响,缺乏多种金融市场因素之间的内生性和共线性分析。

第三,现有关于国际石油价格中金融市场因素作用的研究主要集中于国际金融市场因素特别是美国股票、外汇和期货市场投机等市场行为的影响,对已经成为全球最大石油进口和消费国的中国金融市场作用的研究基本没有涉及,因此,不利于更深入理解全球石油价格波动的原因。

第四,对一些重要金融市场因素如美元汇率在国际石油价格变化中的作用的分析仍然有待深入。特别是对美元汇率与石油价格关系的动态特征及这种动态关系背后的原因还需进一步探讨。

第 2 章　全球石油价格波动历程及现状

2.1　全球石油价格体系构成

一般来说,石油由原油和成品油组成,其中,成品油又包括石油燃料、石油化工原料、石蜡和沥青等,每种商品又拥有自己的价格,因此石油价格是一个庞大的价格体系。本书所论述的石油价格主要为国际市场上的原油价格,由于成品油的价格是建立在原油价格基础上的,因此,原油价格变化也在相当程度上反映了整个石油产品的价格变化。国际原油价格根据不同划分标准,可以进行不同的分类。

按照石油价格定价组织来划分,石油价格可以分为 OPEC 官方价格和非 OPEC 官方价格。其中,OPEC 官方价格是由 OPEC 规定的官方价格。在沙特阿拉伯的领导下,OPEC 从 1960 年开始公布官方原油标准价格,由于 20 世纪 70~80 年代 OPEC 在全球石油产量中占据主导地位,OPEC 官方价格对全球原油价格有着重要的影响力。非 OPEC 国家也制定了各自国家的原油官方价格及非 OPEC 官方价格,但该价格制定过程中会参考 OPEC 官方价格。20 世纪 80 年代以后,非 OPEC 国家石油产量不断增加,OPEC 的垄断能力持续下降,其官方价格的影响力也在不断下降,OPEC 价格委员会于 1986 年 11 月采取了一揽子价格方式对组织内原油价格进行规定,该价格参考了卡塔尔、阿联酋、科威特、委内瑞拉、阿尔及利亚、印度尼西亚、尼日利亚以及伊朗等国的原油价格,尽管其影响力不断下降,但 OPEC 官方价格仍然是全球石油价格的一个参考。

按照石油定价市场类型来划分,石油价格可以分为现货市场价格和期货市场价格。现货市场价格是指在现货交易市场形成的即期现货交易价格,主要包括美国市场、西欧市场、北欧市场和新加坡市场等交易市场上的价格。期货市场价格是指在期货市场通过竞价交易形成的市场价格。由于期货市场交易频繁,市场流动性强,其价格变化不但能反映实际供给和需求的变化,还能够发挥金融市场的价格发现功能,反映未来供求变化及市场情绪波动,因此其价格变化比现货价格更具前瞻性,成为了引导现货价格波动的关键指标。目前,国际原油市场价格已经实现了以期货市场定价为基准的定价机制,以纽约商品交易所(NYMEX)和伦敦国际石油交易所(IPE)为标杆,他们推出的石油期货合约价格对全球石油价格具有基准作用。

按照石油交易类型来划分,石油价格可以划分为易货交易价格和市场交易价格。所谓易货交易价格主要用于石油生产国或出口国在特定环境下使用原油进行直接的易货交易所形成的价格水平,由于其不通过国际石油市场,因此其是一种非常态交易方式,如利用原油抵消债务、使用原油交易军火等,相对于市场交易价格来说,其价格水平也较低。市场交易价格是指通过国际原油市场进行的交易价格,它是国际油价的基本形态。

2.2 全球石油定价机制历史变迁

国际石油特别是原油定价机制经历了一个漫长的历史变迁过程,该过程同时也是一个全球政治体系和金融体系的变迁过程,总体来看,全球原油定价机制可以分为四个时期:殖民定价时期、OPEC定价时期、多元定价时期和金融化定价时期。

2.2.1 殖民定价时期

二战之后,很多殖民地纷纷独立,并开始收回其对资源包括原油的开采和定价权，在此之前，全球石油价格主要由西方发达国家特别是殖民宗主国的跨国石油公司控制，最具代表性的石油公司包括埃克森美孚、壳牌、海湾石油公司等，这些公司组建成石油生产商卡特尔，并相互间签订《红线协定》，控制全球石油市场。据统计，20世纪50年代初期，西方最大的七家石油公司产量占全球石油市场比重超过98%，完全控制了全球市场上的石油价格。这种定价机制反映了殖民时代的经济资源划分态势。

2.2.2 OPEC定价时期

石油生产国独立后，开始收回石油控制权，而与拥有特权的西方石油公司之间的矛盾愈加明显，为了提高石油收入，沙特阿拉伯、委内瑞拉、伊拉克等国于1960年成立了OPEC，开展关于石油定价权的争夺。为了抗议美国在中东战争中支持以色列的行为，以沙特为首的中东产油国，通过大规模减产来大幅度提高石油价格，并对美国实行石油禁运，从而引发了第一次石油危机，成为20世纪70年代西方国家经济"滞涨"的重要导火索。由于OPEC的官方价格对西方石油公司的原油标价形成巨大冲击，很多石油公司开始根据OPEC官方报价进行定价。1979年受伊朗革命影响，部分石油公司在OPEC官方定价基础上额外加价，石油价格再次上升，至此，石油定价权彻底为OPEC掌控，并维持了数十年时间。

2.2.3 多元定价时期

石油价格的持续上升使得全球石油需求者开始寻找新的替代能源，同时，价格刺激也促使其他很多国家加大石油开采力度，非OPEC国家的石油产量不断增加，直至与OPEC产量相比肩并最终超越OPEC产量。非OPEC国家石油规模增加导致全球石油供给上升，石油价格不断下跌。OPEC领导成员国沙特为了保持石油价格稳定，提出了"限产保价"的策略，但并没有得到其他OPEC成员国的响应，石油价格继续下跌，到1988年最低达到6美元/桶，石油价格的低位运行表明OPEC定价时代的结束，全球进入到以市场供需为基础的多元定价阶段。官方定价时代的结束使得石油公司、需求方和生产方之间的长期协议合同的交易方式走向衰落，现货市场交易成为石油交易的主体，多元市场共同参与、市场交易定价成为原油市场的主要定价机制。

2.2.4 金融化定价时期

原油领域最早的金融产品是 1978 年 11 月纽约商品交易所推出的第一份石油期货合约——取暖油期货合约，由于该金融产品按照期货特征设计，有效帮助了生产商和消费者规避和对冲石油价格风险，因此受到市场的热烈欢迎。此后，国际石油交易所、新加坡国际金融交易所、日本期货交易所等相继推出关于石油的期货和期权合约，原油定价的金融化程度越来越深。由于金融市场特别是期货市场参与者众多，且采用保证金制度，价格形成过程透明合理，能有效反映市场预期，凸显金融市场的价格引导功能，因此金融化定价逐渐成为全球原油价格的主要定价方式。其中，英国伦敦国际石油交易所的布伦特原油期货价格主要反映中东及欧洲、亚洲地区原油价格，WTI 原油期货价格主要反映北美地区原油市场价格，这两者决定了国际原油价格的基本走势。随着石油市场乃至大宗商品市场金融化程度越来越深，越来越多的非石油生产需求方如对冲基金、投资公司等牵涉其中，也带来了石油市场价格过度投机等问题，但总体来看，金融化定价仍是未来很长一段时期内国际石油定价机制的主体。

2.3 全球主要石油商品市场

2.3.1 西德克萨斯原油市场

WTI 原油，又被称为"西德州中质原油"或"德州轻质低硫原油"，是北美地区较为通用的一类原油。西德州原油通常指自加拿大及墨西哥湾进口，然后运至美国中西部地区与沿海地区进行提炼的原油。这一类原油又称为轻质低硫原油，轻指的是原油黏性较低，硫含量较低，仅占 0.24%。西德州中级原油适合提炼汽油、柴油、热燃油以及飞机用燃油等，且可提高炼油厂的产值，是利用率较高的原油。由纽约商品交易所推出的原油期货,其交易品种即为西德克萨斯轻质低硫原油,在交易所指定的交割仓库,以实物交割的方式进行,其交割品级为:西德克萨斯中质油,含硫量4%,API度为40,硫重5%以下,API比重介于34至45之间的低硫轻油也可交割(表2.1)。

表 2.1 不同原油期货市场的比较

元素	NYMEX轻质低硫原油	IPE布伦特原油	SGX迪拜原油	INE中质含硫原油
交易单位	1000桶	1000桶	1000桶	1000桶
报价单位	美元/桶	美元/桶	美元/桶	元/桶
最小变动数值	0.01	0.01	0.01	0.1
每日价格最大波动限制	月合约的前一天交易日结算价上下10美元/桶	无价格限制	无	不超过上一交易日结算价上下4%
交割方式	实物交割	实物和现金交割	现金交割	实物交割
持仓限额	所有合约不得超过2万手,单月合约不得超过1万手	无	2000手	在上市运行不同阶段、不同会员实行有差别的持仓限额

2.3.2 北海布伦特原油市场

布伦特原油是出产于北大西洋北海布伦特和尼尼安油田的轻质低硫原油,是与WTI原油相似的轻质油,原油轻度指标API度为38.1。其主要用户是位于西北欧及美国东海岸的炼油厂,北海、西非和地中海地区所产的原油在向西方国家供应时,均是以布伦特原油期货交易价格作为基准价格。北海布伦特轻质原油是原油市场的一种基准等级,同时被作为一种有别于纽约商品交易所低硫轻质原油期货交易合同的形式广泛地进行交易,在期货、场外掉期、远期和即期现货市场上均有它的身影,现全球65%以上的实货原油都挂靠布伦特体系进行定价。伦敦国际石油交易所推出的北海布伦特原油,可以进行实物交割,也可以选择期转现的结算方式,灵活性更大;此外,布伦特原油期货交易由交易所专门的清算机构负责清算,确保了资金的安全(表2.1)。

2.3.3 迪拜原油市场

顾名思义,迪拜(Dubai)原油是迪拜出产的原油,其 API 度约为 31,按分类属于中质原油,硫含量约为 2%。由于迪拜原油没有目的地的限制,具有交易便利的特点,因此,其绝对价格被广泛运用于原油现货贸易中。迪拜原油现货价格不仅曾被 OPEC 设定的一揽子价格所采用,还是整个中东地区的原油价格指标,阿联酋迪拜海湾国家所产原油向亚洲出口时,通常采用迪拜原油价格作为基准价格。由新加坡交易所(SGX)推出的迪拜原油价格正是基于阿联酋的轻质酸性原油形成的价格水平,其合约采用现金交割的方式,持仓限额为 2000 手(表2.1)。

2.3.4 上海原油期货市场

2014 年 12 月 12 日,上海期货交易所原油期货交易获证监会批准上市。2018 年 3 月 26 日,中国原油期货在上海国际能源中心(INE)挂盘交易。中国原油期货的交易品种为中质含硫原油,在上海国际能源交易中心指定交割仓库,以实物交割的方式进行交割,其具体的交割品质为:中质含硫原油,基准品质 API 度为 32.0,硫含量为 1.5%,具体可交割油种及升贴水由上海国际能源交易中心另行规定(表2.1)。作为我国第一个对外开放的期货品种,其最大的特点是以人民币计价,可转换成黄金,除此之外,上海原油期货还有"国际平台、净价交易、保税交割"等特点。

我国自 1993 年起,成为石油的净进口国。随着多年来中国经济的稳定高速增长,石油需求量的迅速增加使中国对海外市场石油资源进口的依赖程度逐渐加深,从而承受的风险也越来越大。在这样的经济环境下,中国适时推出原油期货具有重要的现实意义。中国推出原油期货的根本目的是增强中国在原油市场上的话语权以及原油定价权。同时,作为全球最大的原油进口国,设立中国原油的期货市场,还能够为国内企业特别是产业链上下游企业提供套保工具,用以规避原油价格波动带来的风险,从而促进经济更好更快的发展。此外,当前全球石油价格多以美元来计价,中国原油期货以人民币计价,在一定程度上可以规避因人民币对美元汇率波动带来的汇率风险。

上海原油期货作为中国金融市场上的一个重要创新,发展态势良好,但仍然存在一些不足:

(1) 上海原油期货作为在中国上市的期货,主要以中国境内的市场参与者为主。一方面,市场参与者的总体规模还较小。根据INE数据显示,截至2019年3月5日,中国原油期货开户数超过4万户,吸收会员个数157个,其中期货公司会员149个,非期货公司会员8个。另一方面,境外投资者参与程度较低,上市一年来,中国上海原油期货境外客户交易量占比约为10%,持仓为15%~25%。

(2) 上海原油期货持仓量小,开户门槛高,缺乏市场流动性。在期货市场中,持仓量指买入(或卖出)的头寸在未了结平仓前的总和,一般指的是买卖方向未平合约的总和。通过对持仓量变化的分析,可以了解市场上多空力量的大小及变化情况。2018年,中国原油期货市场双边年持仓量为5.98万手,双边日均持仓量为3.96万手,与布伦特原油以及WTI原油相比,相差甚远。此外,根据规定,个人投资者在INE开通原油交易权限需要支付50万元,并通过原油知识测试且3年内期货交易记录为10笔以上。对个人投资者来说门槛偏高,限制了市场的活跃度。

(3) 上海原油期货进行交易的7个原油品种中,只有1个为国产原油,另外6个均为国外原油,这种以国外原油为主体的交割模式使风险控制成为了保证上海原油期货交易稳定的难题。

(4) 上海原油交易类型主要以期货交易为主,不包括期权合约,许多市场投资者的交易需求得不到满足。

(5) 在合约设计、交易规则以及涨跌停板制度上,也存在些许待改进的地方。在保证金制度上,与国际上主要采用的动态保证金制度不同,中国原油期货实行固定比例保证金制度,不利于投资者按照稳定的预期展开交易。此外,中国实行固定涨跌停幅度限制,这与没有涨停板限制的布伦特原油期货存在差别,不利于及时化解市场风险。

2.4 全球石油价格的基准

随着国际原油市场的发展，国际原油期货交易市场形成了以三种原油期货交易价格作为定价基准的格局，分别为美国纽约商品交易所推出的 WTI 原油期货交易价格、英国伦敦国际交易所推出的布伦特原油期货交易价格、新加坡交易所的迪拜原油期货交易价格。

2.4.1 西德克萨斯原油价格

纽约商品交易所推出的西德克萨斯轻质低硫原油期货价格就是以西德克萨斯的石油生产商的产出作为样本合约的交易价格。在实际原油现货交易中，所有在美国生产或销往美国的原油，在计价时都以轻质低硫的 WTI 原油作为基准。并且由于该原油期货合约具有良好的流动性以及较高的价格透明度，其接受度较高，影响范围广，西德克萨斯期货交易价格不仅是北美地区石油的基准价格，也是全球石油的基准价格之一。

2.4.2 北海布伦特原油价格

伦敦国际石油交易所推出的北海布伦特原油是北海的布伦特和尼尼安油田出产的一种轻质低硫原油。北海、西非和地中海地区所产原油在向西方国家供应时，均是以布伦特原油期货交易价格作为基准价格的。因此，北海布伦特期货交易价格也是全球石油的基准价格之一。

2.4.3 迪拜原油价格

新加坡交易所推出的迪拜原油价格是基于阿联酋的轻质酸性原油形成的价格水平。该原油是含硫原油，因此迪拜原油价格也被认为是含硫原油的定价基准,对中东原油价格波动具有重要影响力。

2.5 全球石油价格波动的阶段性特征

如图 2.1 所示,国际原油价格的波动趋势可以划分为七个阶段:第一阶段,2000 年 1 月至 2007 年 10 月,国际原油价格走势总体上呈现持续上涨态势,但上涨幅度相对平稳,且最高价格也没有超过 80 美元/桶,并且没有出现急剧上涨的态势;第二阶段,2007 年 11 月至 2008 年 7 月,国际原油价格开始一路上升,上升幅度之大实属罕见,短短的 8 个月,国际原油的价格就到达了顶峰,且为近几年的最高价格;第三阶段,2008 年 7 月至 2009 年第一季度,国际原油价格经历了短期内的暴涨后,开始迎来暴跌,2008 年的金融危机引发了国际石油的高能利空,短期内一路下跌到 40~50 美元/桶的价格区间;第四阶段,2009 年的第一季度至 2011 年的第四季度,全球经济活动逐渐从金融危机的冲击中慢慢恢复,国际石油的价格再一次出现攀升之路;第五阶段,国际原油价格在 2011 年至 2014 年间比较稳定,在 90~120 美元/桶的区间内波动,从 2011 年开始,西德克萨斯原油价格大幅度低于布伦特原油价格,2011 年 9 月 21 日,差价

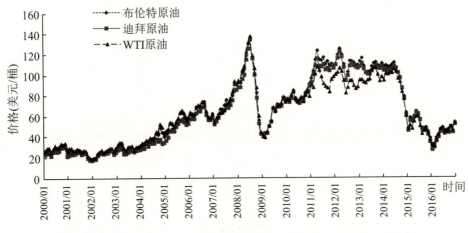

图 2.1　2000~2016 年三大原油基准价格走势图(月均期货连续价格)

数据来源:Wind 资讯

达到 28.49 美元/桶,布伦特原油与迪拜原油的价格差距也开始产生剧烈波动;第六阶段,从 2014 年中期开始,国际原油价格开始从高价位跳水,7 月到 12 月,半年的时间内,石油价格再一次跌破低价,长达三年的高油价成为历史;第七阶段,从 2016 年年初开始,国际石油价格开始企稳,并出现一定的反弹,但上涨幅度有限,与 2008 年和 2011 年的高点相比仍有很大的差距,国际油价低位徘徊成为常态。

第 3 章　全球石油价格波动中金融市场因素作用的理论基础

本书认为,金融市场因素是指除供给和实际需求等基本面因素之外,通过宏观金融和具体金融市场作用于国际石油价格变化的因素总和,随着全球石油定价实现了以期货市场主导的金融化定价机制,金融市场因素在全球油价变动中的作用越来越重要,具体来说,金融市场因素主要包括三方面,即货币供给、金融市场投机和美元汇率。

3.1　货币供给因素

3.1.1　货币供给变化引起资产价格变化理论

3.1.1.1　古典货币数量论

古典货币数量理论的两个经典代表是费雪的现金交易方程式和庇古的现金余额方程式,他们认为社会中各类价格的提高或降低是由货币供给量的减少或增加造成的。

欧文·费雪在1911年提出了现金交易方程式,方程式的表达形式为

$$M \cdot V = P \cdot T \tag{3.1}$$

其中,M表示流通中的货币数量,V表示货币流通速度,P表示价格,T表示各

类商品交易的总量。费雪方程式认为,在社会中总支出和总收入应该完全一致,并且货币数量 M 的主要组成部分是现金 C 和活期存款 D。

因此,费雪方程式又可以写为

$$C \cdot V_C + D \cdot V_D = P \cdot T \tag{3.2}$$

在费雪方程式中,因为在一段时期内,自然资源和技术水平是不变的,所以商品的数量也是稳定的,不会受到货币数量的影响。同时,由于人们的支付习惯和支付制度也是相对不变的,而且这里的货币流通速度是一个总体平均的概念,所以货币流通速度也是被假定为不变的,从而,在控制住货币流通速度和商品数量的情况下,货币数量变化必然会引起价格水平同向变动。

庇古认为财产和收入可以以货币形态储存起来,货币也是一种资产,通常称为人们愿意保持的备用购买力,以货币形态保持的实物价值的高低决定了人们购买力的强弱,所以,可以认为一国货币的总价值等于一国的实物总价值,用货币总数量除以实物价值可以计算出货币的单位价值。因此,庇古提出了剑桥方程式,即

$$M = k \cdot P \cdot y \tag{3.3}$$

其中,M 表示货币数量,k 是一个比例参数,表示货币数量在名义国民收入中所占的比率,P 表示价格水平,y 表示实际国民收入,$P \cdot y$ 表示名义国民收入。

在剑桥方程式中,假定起初的供需平衡,人们持有的货币数量等于一定固定比例的国民名义收入,现在如果增加货币数量的供给,则会出现人们手中的现金数量超过其意愿持有水平的情况,这时人们会自愿减少手中持有的现金,用于购买商品,一方面商品的需求增加,另一方面商品的供给速度并没有发生变化,所以就会出现商品的需求大于供给,即供不应求的现象,从而导致商品价格的上升,这个过程会持续到再一次达到最初的供需平衡。

因此,费雪的交易说和庇古的现金余额说,都认为商品价格水平的变化在一定程度上都是由货币供给量的变化导致的。

3.1.1.2 扩展的货币数量论

由于 20 世纪的资本市场还不够成熟,当时的学者们认为货币数量的变化只会对商品市场产生影响,但是在开放成熟的经济体中,货币供给数量的变化除了会对商品市场产生影响外,还会对资本市场和外汇市场产生影响,如果货币市场中的货币数量发生变化,必然会对四个市场中的资产价格、利率、汇率等

变量产生冲击,打破四个市场原有的平衡,通过系列连续调整,最终达到所有市场的新平衡,从而产生了扩展的货币数量论。

扩展的货币数量论加入了资产市场的讨论,货币市场中货币供给量的增加或减少可以被看成两个主要部分:一个是用于满足商品市场中交易对货币的需求,另一个是用于满足资产市场中资产对货币的需求。

扩展的货币数量论的方程式可以列为

$$M \cdot V = P_C \cdot T_C + P_A \cdot T_A \tag{3.4}$$

其中,P_C、T_C分别代表商品市场的价格水平和商品总量,P_A、T_A分别代表资产市场中的资产价格和资产总量,M和V分别表示货币数量和货币流通速度。

扩展的货币数量理论将古典的货币理论中的两个市场扩展到四个市场,通常仍然假定货币的流通速度保持不变。在此情况下,扩展的货币数量论认为,货币供给数量的变化将会引起商品价格或者资本价格的变化,并且在不同的时期内,有不同程度的影响。

在短期内,商品和资本的数量通常维持不变,并且由于存在黏性,商品价格也不会发生变化。因此,货币数量的增加将会导致资产价格的提高,反映在资本市场中就是货币的投机需求产生大幅增加。

在中期内,商品数量有了调整时间,可以产生变化,同时人们在资产市场中的边际投资效益递减。因此,货币数量的变化会促使商品的价格和资本的价格同时产生变化。

在长期内,扩展的货币数量论认为,通过财富效应、企业和家庭的资产负债表效应以及托宾Q理论等方式,资产价格的增减都将转化为商品价格的增减。因此,货币数量的变化在长期内只会导致商品价格的变化。

3.1.2 货币供给变化对石油价格的冲击机理

3.1.2.1 财富效应

凯恩斯认为货币是财富的一种重要资产。如果增加货币供给,各个经济主体的财富也会增加,根据永久收入假说,人们财富的增加会导致人们消费和投资的意愿和能力增加,人们会将更多的货币投入市场,由于国际石油的优良商品属性和金融属性,这必然导致人们会比以前更多地增加石油投资,从而增加石油需求,推高石油价格。

另一方面,由于货币供给量的变化会引发财富变化,导致资本市场的资金也发生变化,各个金融机构的可贷资金增加,资本存量的增加会影响国际石油的价格。同时,由于国际石油既是一个普通的商品,又是一个具有价值的优良投资商品,所以国际石油价格的上涨,会增加人们的名义财富价值,这又进一步提高了人们的消费和投资欲望,导致人们购买更多的国际石油,同时这也进一步提高了国际石油的需求量,从而国际石油的价格又会进一步增加。

3.1.2.2 心理预期效应

行为金融学认为,投资者心理预期及其变化会影响投资者决策,进而会对国际石油价格产生影响。如果增加货币数量,会降低短期利率,而短期利率的变化在长期内会对长期利率产生影响,最终导致长期利率跟着短期利率发生变化,产生一定程度的降低。随着中央银行不断扩张货币供给量,人们预期通货膨胀压力增加,实际利率下降,在特定情况下甚至会出现负数的情况,这时存款的利息收益将小于通胀带来的货币购买力损失,人们必然会减少现金的持有数量,转而寻求其他财富保值方法,由于国际石油具有良好的保值价值和投资价值,人们将增加对国际石油的投资数量,导致供不应求,国际石油价格不断攀升。

同时,由于资本的逐利性,货币数量的增加使得人们认为包括国际石油价格在内的各种金融市场的资产价格也会发生上涨。随着国际石油市场金融化程度加深,国际石油已成为重要的投资资产,金融市场上投资或投机需求的增加,会进一步带动国际石油需求的增加,助推国际石油价格上涨。

3.1.2.3 流动性溢出效应

货币供给量的增加意味着人们持有更多的货币资产。一方面,货币供给量的变化将会通过各种途径导致其他资产的收益率发生或多或少的变化;另一方面,根据边际递减规律,货币的边际收益也是递减的,当货币的边际收益减少到低于其他资产的边际收益时,人们就会将多余的货币投资到类似国际石油这种收益较高的资产市场中去,从而增加对国际石油这类资产的需求,提高国际石油的价格。

3.1.2.4 资产组合效应

资产组合一般指经济主体持有的各种各样的资产集合,既包括实物资产也包含金融资产,这些资产往往拥有不同的收益率、风险率和期限。资产组合模型指在货币供给数量发生增减时,通过相应地增加或减少风险资产和无风险资产的数量和比例来对市场价格产生影响。不同的人往往具有不同的风险偏好,风险偏好者会持有更多的风险资产,风险厌恶者会持有更多的无风险资产而持有更少的风险资产,并且不同资产之间往往具有一定的替代性。货币是一种无风险资产,当人们手中持有的货币数量增加时,无风险资产占比增加,必然会打破原来的风险资产组合平衡,导致实际货币平衡偏离意愿货币平衡。由于人们的风险偏好一般不会在短时间内发生变化,所以人们会将增加的货币资产用于购买风险资产来达到原有的资本组合平衡,国际石油这类风险资产的需求增加,会导致国际石油的价格被抬高。

3.1.2.5 通胀(预期)效应

国际石油本身就具有一定的价值,是一种资产。根据扩展的货币数量理论,增加货币供给,在一定程度上会引起一般物价水平或者资产价格的上涨,或者两者都发生上涨,而一般物价水平和资产价格的上涨,都会引发通货膨胀。

美国是世界上最重要的国际市场和金融市场,美元作为一种信用货币,本身不具有价值,增加美元数量供给,会在一定程度上降低美元的购买力,导致美元贬值。而国际石油的投资保值价值就会使得人们将大量的美元投资到该类保值资产中,导致国际石油需求增加,促使国际石油价格上涨。同时,由于美元泛滥导致通货膨胀的发生,美元的实际利率等于名义利率减去通货膨胀,这时美元的实际利率很低,甚至产生负实际利率的情况,这将进一步导致人们将更多的货币投入到国际石油资产中去,促使国际石油价格进一步上涨。

3.1.3 全球货币供给变化影响石油价格的理论模型

尽管上文指出,货币政策会通过各种渠道影响国际石油价格,但由于石油市场是一个相对统一的国际市场,因此,单个国家的货币政策虽然会影响国际油价波动,但无论是市场上的实际需求者、生产者还是投机者,其重点关心的都是全球货币政策的作用,特别是全球流动性的影响,因此,本文借鉴 Frankel 和 Hardouvelis(1985)和 Belke 等(2014)的研究成果,构建一个货币供给影响国际石油价格的理论模型。

根据 Frankel 和 Hardouvelis(1985)的设定,货币需求方程可以表述为

$$m_t - p_t = y_t - \lambda r_t \tag{3.5}$$

其中,m_t 和 p_t 分别为全球货币供给和价格水平的对数,y_t 为全球真实收入,r_t 为短期利率水平,λ 为货币需求对利率变化的弹性值。国际石油市场满足以下套利条件:预期到的国际油价变化 $E_t(cp_{t+1} - cp_t)$ 减去存储成本 sc,等于短期利率,即

$$E_t(cp_{t+1} - cp_t) - sc = r_t \tag{3.6}$$

假定风险溢价为零或者包含在不变的存储成本中。为了不失一般性,根据 Working(1949)的研究,假定存储成本随着存储规模的上升而增加。同时,假设石油和消费篮子中的其他商品价格是浮动可变的,石油和其他商品的相对价格相对于货币变化是不变的,总价格水平 $\bar{p}_t$ 和石油价格成比例变化。将式(3.6)带入式(3.5),设定 $\bar{p}_t$ 等于 cp_t,得到

$$m_t - \bar{p}_t = y_t - \lambda(E_t cp_{t+1} - \bar{p}_t - sc) \tag{3.7}$$

求解 $\bar{p}_t$,可以得到

$$\bar{p}_t = \frac{1}{1+\lambda}(m_t - y_t) + \frac{\lambda}{1+\lambda}(E_t \bar{p}_{t+1} - sc) \tag{3.8}$$

在理性预期假定下,可以得到

$$E_t \bar{p}_{t+1} = \frac{1}{1+\lambda} E_t(m_{t+1} - y_{t+1}) + \frac{\lambda}{1+\lambda}(E_t \bar{p}_{t+2} - sc) \tag{3.9}$$

将式(3.9)带入式(3.8),替代 $E_t \bar{p}_{t+2}$ 并循环推算,可以得到

$$\bar{p}_t = \frac{1}{1+\lambda} \sum_{\tau}^{\infty} \left(\frac{\lambda}{1+\lambda}\right)^{\tau} E_t(m_{t+\tau} - y_{t+\tau}) - \lambda sc \tag{3.10}$$

其中,$\bar{p}_t$ 可以被认为是货币供给未来预期路径的折现值加总。

考虑到大部分商品和服务的价格在短期内是存在黏性的,因此方程(3.10)无法被用来表述商品的一般性价格或石油价格,因此,假定一般性价格水平变化缓慢,长期内向 $\bar{p}_t$ 靠拢,而石油价格虽然变动方向和 $\bar{p}_t$ 一致,但短期内其变动速度更快。

$$\Delta cp_t = (1 + \frac{1}{\theta\lambda})\Delta \bar{p}_t \tag{3.11}$$

这里的 θ 代表与长期均衡价格 $\bar{p}_t$ 的偏离程度，这类似于 Dornbusch(1976) 的"汇率超调模型"(overshooting model for exchange rate determination)。在价格调整完全弹性的特定情况下，θ 无穷大，式(3.11)不断退化，导致 $\Delta cp_t = \Delta \bar{p}_t$。将式(3.10)和式(3.11)结合起来，得到

$$\Delta cp_t = \frac{1}{1+\theta\lambda}\Delta\left[\frac{1}{1+\lambda}\sum_{\tau}^{\infty}\left(\frac{\lambda}{1+\lambda}\right)^{\tau}E_t(m_{t+\tau} - y_{t+\tau}) - \lambda sc\right] \quad (3.12)$$

当货币供给发生一次永久性或临时性波动时，石油价格可能会对货币条件产生相关性。相应地，不同商品对货币冲击的价格弹性或无弹性反应可以为石油价格与消费产品价格的相对变动提供解释。Belke 等(2010)强调，国际贸易商品市场上的竞争和很多新兴经济体劳动力供给成本较低，导致很多制成品在全球总需求上升的情况下，价格在短期内保持稳定。Browne 和 Cronin(2007)认为，尽管受到供给限制，大宗商品（包括石油）价格调整过程是比较快的，因为对其他商品生产需求者而言，大宗商品市场上参与者的信息更加完美和平衡，市场上信息的有效传递使得参与者很快对全球货币条件做出反应，大宗商品需求增加立马反映在价格波动中。在货币供给冲击下，一般消费品存在反应滞后现象，而大宗商品（包括石油）价格则存在过度反应现象。

3.2 金融市场投机因素

近年来，国际石油市场上投机力量盛行，引起了各界学者对于国际石油价格波动的研究。以对冲基金为例，投资者们为了获得高额的收益率，在国际石油市场上进行各种对冲套利交易，在很大程度上加剧了国际石油市场上的价格波动。

3.2.1 石油金融投机的概念及主要参与者

投机交易又可称为利差交易，学术界对于投机的定义通常是指这样一种行为：在较短的一段时间内（通常在一年内），投资者们利用财务杠杆等工具，进行金融资产或金融衍生品买卖和交易，利用产品的价格差异从而获取收益。对于

国际石油市场上的金融投机者,美国商品期货交易委员会(CFTC)是如此描述和界定的:"他们本身并不生产石油,买卖石油也不是为了用油,而是为了通过石油价格的变化而从中获利。"

现今国际石油市场上的金融投机者主要包括对冲基金、期货投资基金、私人股权基金、指数基金、养老基金、投资银行以及大型金融机构等,其中对冲基金是国际石油市场上投机者的主力军,而商品指数基金也因为它的优势越来越受到投机者们的喜爱。

3.2.1.1 对冲基金

对冲基金即为对风险进行对冲的基金,也可称为避险基金。琼斯对冲基金是世界上的首个对冲基金,在20世纪50年代初诞生于美国,但是该基金在成立初期并没有太大的发展,较为低迷,直到20世纪80年代,美国金融自由化的蓬勃发展才使对冲基金有了一席之地。20世纪90年代,对冲基金无论在数量上还是资产规模上仍然不大,但是截至2006年,对冲基金的规模已经实现了大规模的扩大,总资产竟然已经达到1.5万多亿美元,同时,对冲基金在国际石油市场上的交易额也大幅增加,占总交易额的比重在不断上升。到现在为止,对冲基金在国际石油市场上的交易额占总交易额的比重已经稳定在三分之一左右。

对冲基金的起初价值在于对冲风险,从而达到套期保值的目的,但是现在的对冲基金在很多情况下已经不是为了进行套期保值了,而是成为了投资者们热衷于投资的一种手段。投资者们在国际石油市场上,利用各种财务工具,对国际石油产品及其衍生品进行对冲交易,利用差价赚取高额利润。石油期货市场上的对冲基金一般具有投资行为复杂、操作方式灵活、高风险、高收益等特点。

3.2.1.2 商品指数基金

商品指数基金的主要投资对象是期权、期货等非实体的金融衍生产品,近年来越来越受到投资者的青睐,是一种新型的投机基金,投机者们通过持续跟踪某一商品指数来决定是否购买并持有该期货或期权。国际影响较大的商品指数有路透商品研究局指数(CRB)、高盛商品指数(GSCI)、罗杰斯世界商品指数(RICI)、道琼斯商品指数(DJ-AIG)以及标准普尔商品指数(SPCI)等。

虽然我国国内目前还没有商品指数基金,但是在国际石油市场上,商品指数基金作为一种重要的基金指数,被投机者们用来判断商品期货价格的未来走势,商品指数基金和商品期货价格之间往往具有正相关性。

3.2.2 金融投机行为影响国际石油市场的基本逻辑

随着国际金融资本市场的日渐成熟,国际石油市场的成熟度也不断提高,大量资本进入国际石油市场,对国际石油的价格产生了广泛的影响。

第一,国际石油市场上的资本不断增加,使得市场上的流动性也不断增强,从而使更多的投资者将资本投入到国际石油市场中,更多的资本又将进一步地提高市场流动性,形成了一个乘数效应。

第二,原本国际石油市场上的主要参与者应该是石油交易商们,但是如今高额的收益率使得更多的投机者们参与到国际石油市场中,反而成了国际石油市场的主要参与者和交易者。国际石油市场上的资本力量已经发生了重大变化,投机者们的资金流向将在很大程度上影响着国际石油的价格,石油投机基金的持仓情况成为分析和预测国际石油价格走势的重要依据之一。

第三,投机行为在一定程度上优化了国际石油市场的套期保值优势。投机者们对于市场信息非常敏感,行动迅速,市场上的信息传递速度也大大加快,投机者们可以通过便捷迅速的电子交易工具在短时间内进行交易,能够及时地规避风险。

3.2.3 投机因素影响国际油价的理论模型

为了更好地阐述投机因素对国际油价的影响机制,本书基于 Tokic(2011)的"理性不稳定投机"模型(rational destabilizing speculation model)进行分析。

3.2.3.1 市场参与者特点

1. 被动投资者

被动的投资者能够正确地估计金融资产的价值,他们的投资需求是根据资产的实际价格和市场价格之间的差异的,因此,投资者在资产的实际价格高于市场价格的时候会买入,在资产的实际价格低于市场价格的时候会卖出。

$$D_\mathrm{I} = a(P_\mathrm{T} - P_\mathrm{M}) \tag{3.13}$$

式中，D_I 表示投资者的需求，P_T 表示资产的实际价值，P_M 表示资产的市场价值，a 是参数。

2. 理性套利者

理性的套利者也能够估计资产的实际价值，还能意识到市场中除了他还存在被动的投资者和随机噪声交易者，杂乱的交易者常常会导致资产价值的偏离。因此，理性的套利者的行为常常和杂乱的交易者行为相反，并且推动资产价格回到它原本的水平上去，同时也知道被动投资者有相似的政策。因此，理性的套利者的需求是根据资产的市场价值和预期的未来价值的。

$$D_A = a(P_{M+1}/D_I - P_M) \tag{3.14}$$

式中，D_A 是套利者的需求，P_{M+1}/D_I 是预期的未来价值。特别的，

$$D_A = a(P_T - P_M) \tag{3.15}$$

3. 正反馈交易者

正反馈交易者通常会追逐市场趋势，交易需求取决于历史价格差异。因此，当价格上升时正反馈交易者会买入。

$$D_T = b(P_{t-1} - P_{t-2}) \tag{3.16}$$

式中，D_T 是正反馈交易者的需求。

4. 理性投机者

理性的投机者常常会通过操控价格来吸引正反馈交易，因此，投机者和正反馈交易者往往会使得价格发生偏离。

$$D_S = a(P_{t+1} \mid D_T - P_M) \tag{3.17}$$

式中，D_S 是投机者的需求，$P_{t+1} \mid D_T$ 是在下一个交易过程中基于正反馈交易者而预期的价格。

3.2.3.2 市场利益相关者的特征

1. 生产者

生产者生产商品，并且在现货或者期货市场将产品卖出去，他们参与短期对冲，卖出长期期货合同来稳定他们的利润。

假定生产者充分了解市场的基本面，能够根据消费者的订单来评估商品的实际价值，如果在没有发生供不应求的情况下发生了商品市场价格的大幅增加，生产者会卖出更多的商品来获得更高的利润，并且会在期货市场进行短期对冲。所以，生产者其实是理性的套利者，他们的需求函数可以表示为

$$D_P = a(P_T - P_M) \tag{3.18}$$

或

$$D_P = a(P_T \mid SD - P_M) \tag{3.19}$$

式中，D_P 表示生产者的需求，P_T 表示资产的实际价值，SD 表示供需情况。

2. 消费者

消费者消费商品，并且在现货或者期货市场上购买商品，他们会参与长期对冲，购买长期期货合同来稳定他们的收益。

假定消费者也充分了解市场基本面，了解供需情况，如果在没有发生供不应求的情况下发生了商品市场价格的大幅增加，消费者会减少购买量，消费更多的库存商品直到价格恢复到正常水平。因此，消费者也是理性的套利者，他们的需求函数可以表示为

$$D_C = a(P_T - P_M) \tag{3.20}$$

或

$$D_C = a(P_T \mid SD - P_M) \tag{3.21}$$

3. 投机者

投机者往往是期货市场的短期交易者，他们会使用不同的交易手段，比如技术层面的分析或者基本面分析，来获得利益。

假定投机者不能充分了解市场的基本面，他们往往使用技术或者数据分析来决定交易，所以投机者其实是噪声交易者，他们有的是正反馈交易者，有的则是负反馈交易者，他们提供了市场中的流动性。

$$D_{PS} = b(P_{t-1} - P_{t-2}) \tag{3.22}$$

$$D_{NS} = b(P_{t-2} - P_{t-1}) \tag{3.23}$$

式中，D_{PS} 表示正反馈交易者的需求，D_{NS} 表示负反馈交易者的需求，P_{t-1} 表示上一个交易阶段的商品价格。

4. 投资者

投资者通常把石油作为大宗商品，将其看作是一种金融资产，或者是他们的投资组合中的一部分。机构投资者通常有两种方式来评估大宗商品价值，第一种是在一段时间内独立操作使大宗商品增值，第二种是配合资产组合中的其他资产进行操作。在投资者看来，在通货膨胀的时代，大宗商品具有保值作用。

投资者更像是被动投资者，他们的需求函数可以表示为

$$D_I = a(P_T - P_M) \tag{3.24}$$

或
$$D_\mathrm{I} = a(P_\mathrm{T} \mid DI - P_\mathrm{M}) \tag{3.25}$$
式中,DI 表示股票市场低迷或者通货膨胀预期的风险性。

3.2.3.3　国际石油市场交易阶段及泡沫的形成

参考 Delong 等(1990)的"泡沫"模型,市场在交易过程中,国际石油市场不同参与者和各个利益相关者在追求各自利益最大化的过程中,会产生不稳定的投机并形成一定的市场泡沫,从而实现投机对石油价格的影响。具体来说,这种过程可以分为八个阶段。

第一阶段:随机噪声交易者推动大宗商品价格上升。

第二阶段:生产者参与套利和短期对冲,卖出更多的商品获得更多的利益,消费者减少商品的购买,生产者和消费者的行为使得商品的价格回到实际价值。

第三阶段:机构投资者持续斥资购买商品使得价格持续升高,因为根据 Gorton 和 Rouwenhorst(2006)的发现,他们认为股票市场很有可能有一个长期的衰退阶段,或者未来有通货膨胀的预期。

第四阶段:由于机构投资者的大量投资需求导致商品价格大幅上升,商品生产者失去了他们的专业优势,为了减少他们空仓的损失,他们会购买商品期货,这时生产者就变成了正反馈交易者。

第五阶段:原本商品消费者在商品价格上升的情况下会减少购买,消费他们的库存商品,但是随着时间的流逝,库存越来越少,商品的价格变得更高,这时消费者会开始长期对冲,购买期货来对冲未来更高的价格,消费者也变成了正反馈交易者。

第六阶段:负反馈交易者或逆向交易者在商品价格上升时会卖出短期期货。但是,他们错误的决定可能会导致账户破产,这时交易者会收到一个追加保证金的要求或者直接清算账户,由于高额的保证金要求,他们会被迫取消空仓,买回期货。这时负反馈交易者也变成了正反馈交易者。

第七阶段:正反馈交易者和趋势跟随者持续购买商品期货来期望趋势能够持续。

第八阶段:当交易量达到一定规模的时候,泡沫破裂,投资者意识到价格会大幅下降,会卖出他们所持有的所有商品,进一步导致价格下降,形成强化效应。

图 3.1 反映了在多种市场利益相关者和参与主体共同作用下,投机过程及投机对石油价格泡沫形成的作用机理。在投机因素影响国际油价波动的过程中,预期的形成和自我实现是关键性的环节。国际上大型的投机集团常常会利用这种预期效益来实现自我利益,他们会利用失业率变化、环境变化等各种突发性事件来吸引人们的注意力,通过这两种途径来影响国际石油价格。

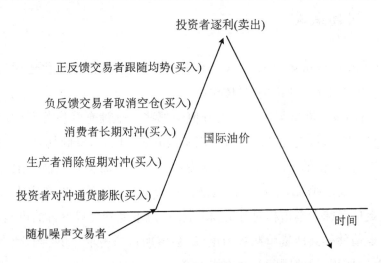

图 3.1 石油市场上投机次序及泡沫形成过程图

3.3 美元汇率因素

美元作为国际货币体系的核心货币,其广泛应用于国际间的贸易、金融交往,并作为国际储备货币被众多国家中央银行持有。因此,美元汇率波动不仅具有国内意义,同样具有国际意义,在国际石油价格波动中,美元汇率也是重要的影响因素。美元汇率的变化可以通过多种渠道影响国际石油价格,总体来看,美元汇率会通过直接和间接两个渠道影响国际石油价格。

3.3.1 直接渠道

直接渠道表现为国际石油价格的标价效应,即石油价格以美元来计价,无论是布伦特原油、WTI 原油还是迪拜原油,三大原油价格基准都采用美元进行标价,这意味着石油价格波动会与美元汇率走势呈一定的负向关系。正如 Krichene(2005)所认为的:美元名义有效汇率(NEER)的变动会影响以其他货币计价的石油进口价格,从而影响全球原油需求和原油价格。

3.3.2 间接渠道

除了直接的标价效应之外,美元作为国际货币,其汇率变化还通过其他机制和渠道影响国际石油价格,具体包括:

(1)石油供给需求渠道。美元升值使那些汇率没有盯住美元的国家的石油价格变得更昂贵,美元升值会减少消费国的实际收入,降低其对石油的需求,进而导致石油价格的下降(刘湘云,朱春明,2008)。而美元贬值一般会导致石油供给减少,需求增加,带动油价上涨。一方面,由于石油生产成本以本币计价,美元贬值意味着本币相对升值,相对生产成本上升会减少石油供给;另一方面,美元贬值使得其他货币购买力增强,会增加石油需求。供给的减少和需求的增加共同作用,促使国际石油价格上涨。

(2)石油美元循环渠道。所谓石油美元,指的是由于 20 世纪 70 年代中期国际石油价格上涨,石油输出国的石油收入大幅增加,超过本国经济发展及其他支出后仍有盈余,这些美元被称为石油美元。从石油美元的流向来看,20 世纪 80 年代以前,石油美元主要通过贸易领域渠道流出,石油出口国用盈余美元增加进口以满足国内消费及投资需求;20 世纪 80 年代以后,这些石油美元主要通过金融渠道流出,用于购买外国金融资产如股票、债券等,并成为国际金融市场的重要投资来源。石油美元通过贸易和金融渠道从美国等西方发达国家流出再回到发达国家,便构成了石油美元环流。Krugman(1983)、Golub(1983)构建了三区域的石油美元循环效应与投资组合模型,该模型将世界分解成三个主要领域:美国、欧盟(或德国)及 OPEC。随着国际油价的上涨,石油美元的循环效应可能会使美元升值,OPEC 国家更愿意持有美元资产,购买更多的美国产品,而美元升值通过需求供给渠道和标价效应渠道导致石油价格下跌,因此三个区域之间贸易和投资组合的相互作用不但有助于解释美元汇率对石油价格的影响,还会形成复杂的动态效应。

(3)国际投资组合渠道。国际石油市场的金融化程度已经越来越高,石油衍生品的种类越来越多,产品交易规模越来越大,交易者和参与者也更为多元,石油市场和金融、资本市场联系非常紧密。日益金融化的大宗商品市场通过资产组合效应使得美元汇率波动对国际石油价格产生影响。在美元贬值时,石油市场上的商业性交易商,基于套期保值的需要,会增加对石油期货、期权产品以及金融衍生品的投资。由于美元汇率与国际油价成负相关,贸易商们认为,在美元贬值时,通过美元来换取石油期货能够获利。市场上一旦形成美元贬值、油价上升的预期,大量投机者会涌入做空美元、做多石油期货,导致美元的进一步贬值和油价的进一步上涨。因此,金融机构及投资者在以石油为代表的大宗商品和美元资产之间进行套利,当美元贬值、美元资产价格下跌时,会让他们转向石油,导致石油价格上升,形成跷跷板效应。

这种投资组合效应在金融危机和市场恐慌时期表现得更为明显。由于石油、铁矿石、基本金属等大宗商品一般被认为是风险资产,而美元、黄金、高等级债券为避险资产,当金融市场由于危机冲击导致市场恐慌情绪上升时,投资者倾向于卖出风险资产,买入安全资产,这会使得石油价格下跌、美元升值,导致两者呈现负向关系。反之,如果政府采取各种救助政策可使得恐慌情绪缓和、危机得到缓解,如2008年全球金融危机后,美国、中国、欧盟等通过实施一系列的金融救助、货币宽松和财政扩张政策,使市场对未来预期明显变得乐观,市场风险偏好提升,导致投资者卖出美元等安全资产,买入石油等风险资产。市场参与者尤其是投资者在不同市场时期对未来预期的判断会凸显美元和石油的资产属性,并通过资产组合效应形成相互关系。

(4) 多重因素共振渠道。需要强调的是,美元汇率因素会和其他因素如货币供应因素、国际货币竞争因素产生共振效应。超调模型等汇率决定理论认为,如果增加货币供给,使得货币供给大于货币需求,原先的货币供需平衡消失,产生货币贬值压力,而货币贬值会降低该货币在国际上的购买力,如果该货币是国际石油市场上的标价货币,该货币购买力的下降将会导致人们失去对该货币的原有信心,人们会抛售该货币而换取其他金融资产,使得汇率贬值而导致国际石油等金融资产的价格上升。2002年欧元出现后,对美元的国际货币地位形成了很大的冲击,直到2008年金融危机爆发前,美元总体长期处于贬值趋势中,在此背景下,很多投资者和分析师看空美元,将资金投资到石油等大宗商品上,导致该时期石油价格长期上行。

第 4 章 全球石油价格波动中金融市场因素作用的实证分析

4.1 全球石油价格影响因素的变量选择及解释

全球石油价格受到多重因素的影响,并且各种因素的影响机制和渠道存在明显差异,所以在实证研究中把所有影响因素都考虑进来是不现实的,因此,只能根据研究主题选取一些重要影响变量进行实证分析。根据前面章节的理论分析,金融市场因素主要包括美元汇率、金融市场投机和货币供给等,本章分别选取美元指数、期货市场投机指数和全球货币供应量作为三种因素的代理变量,同时,任何一种商品或金融资产的价格变动无法回避供给、实际需求等因素,因此选取国际石油总供给水平、全球总需求水平和国际石油库存作为实证研究的控制变量,各个变量选取均符合当前国际石油价格研究的主流做法。

4.1.1 金融市场因素

4.1.1.1 美元指数(USDX)

美元指数是用来衡量美元汇率在国际外汇市场变化的一项综合指标,它通过汇率加权的方式计算出美元整体的强弱程度。常用的美元指数主要包括三种：第一种是美国洲际交易所发布的 USDX 美元指数，该指数的前身为纽约棉花交易所 1985 年率先推出的美元指数期货，反映的是美元对一揽子货币的汇率变化情况，其中欧元权重最大占 57.6%，其次日元占 13.6%，其后依次为英镑占 11.9%、加拿大元占 9.1%、瑞典克朗占 4.2% 和瑞士法郎占 3.6%；第二种是"基于流动性"的美元指数，如道琼斯 FXCM 美元指数；第三种是美联储创立的广义贸易加权美元指数，不同于 USDX 美元指数，该指数以各主要国家与美国之间的贸易结算量为基础，不仅包含美元对 6 个发达国家货币的汇率，更是包含一组更大范围的货币，反映了美元对全球各主要国家货币（共 26 种）的汇率加权指数。

20 世纪 70 年代，美国和世界上最大的石油产出国沙特阿拉伯达成了协议，确定将美元作为石油唯一的定价货币，并且得到了 OPEC 其他成员国的支持。从此，美元作为货币的强弱始终对国际原油价格波动产生重要的影响。作为国际石油的标价及结算货币，若美元指数上涨，即美元升值，则国际市场上以美元计价的大宗商品所对应的价格应该下跌；若美元指数下跌，则相反。这里选择美国洲际交易所发布的 USDX 美元指数，主要是基于两方面的考虑：一是 USDX 美元指数是市场最常用的美元指数；二是市场参与者在进行石油期货交易时主要参考的也是该指数。

从图 4.1 可以看出，国际原油的价格与美元指数呈反向变动的关系。2002 年 3 月开始到金融危机爆发之前，美元指数开始持续下降，即美元持续贬值，美元贬值的事实以及对贬值的预期共同促进了原油价格的上涨。2008 年金融危机爆发后，美元指数开始急升，与此同时，国际原油的价格开始暴跌。金融危机之后，美国大型金融机构出现了严重的流动性短缺问题，导致国际上大量美元抽回美国，外汇市场上美元升值压力较大。随着美联储推出量化宽松政策，并在主要央行间开展货币互换，金融机构流动性短缺问题得到缓解，外汇市场上的"美元荒"现象也相应得到缓解，美元指数开始下降，国际石油的价格也开始剧烈波动上升。但受到两次欧洲债务危机影响，全球恐慌情绪出现波动，美元避险功能凸显，美元指数出现大幅波动，导致石油价格也有所波动。2014 年下半年以来，在美联储货币政策调整及美国经济向好的共同影响下，美元指数强势上行，国际石油价格开始新一轮暴跌。

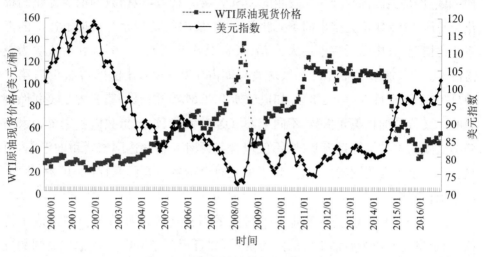

图 4.1　国际原油价格与美元指数走势

数据来源：Wind 资讯

4.1.1.2　石油期货市场投机指数(SI)

CFTC 每周五公布周二主要交易商的持仓报告，分"期货"报告和"期货和期权"报告两种，将未平仓合约分"可报告"和"非报告"两种，其中"可报告"部分包括"商业"和"非商业"、套利、增减变化、交易商数量、各类持仓所占比例等项。

(1) 非商业头寸。一般认为非商业头寸就是基金持仓。基金由于资金规模巨大，对市场趋势的把控能力极强，善于利用各种概念和题材进行炒作，因而是商品期货市场上推动行情的重要力量，石油作为大宗商品当然概莫能外。

(2) 商业头寸。一般认为商业头寸和采油矿及原油下游使用商有关，其目的为套期保值。CFTC 将指数基金在期货市场上的对冲保值认定为套期保值行为，在其持仓数据中归入商业头寸范围内。

(3) 可报告头寸的总计持仓数量。商业头寸中的多单和空单是指净持仓数量。若某交易商同时持有 2000 手多单和 1000 手空单，则将 1000 手净多头归入"多头"，将 1000 手双向持仓归入"套利"。

(4) 非报告头寸。"不值得报告"的头寸就是非报告头寸，意指分散的小规模投机者。未平仓合约数量减去可报告头寸的多单数量，就是非报告头寸的多头数量；未平仓合约数量减去可报告头寸的空单数量，就是非报告头寸的空头数量。

(5) 未平仓合约数量。将所有期货合约中未平仓头寸累计起来就是未平仓合约数量,它是衡量期货市场活跃程度和流动性的标志。如果一个新的买家和新的卖家交易,就会增加未平仓合约数量;如果已经持有多头(或空头)的交易者与另一个想拥有多头(或空头)的新交易者发生交易,则未平仓合约数量不变;如果持有多头(或空头)的交易者与意在了结原有头寸的另一个交易者对冲,则未平仓合约数量将减少。

每周的持仓报告(COT)会公布各个商品期货与期权市场持仓的交易者数量和持仓数量,持仓包括报告持仓(交易头寸超过 CFTC 持仓限制的是报告持仓,报告持仓进一步可分为商业持仓和非商业持仓)和非报告持仓。商业持仓是石油的生产商和进行石油贸易的双方从事的和石油现货交易有关的业务套期保值的持仓;而非商业持仓的交易主体则被认为既不是生产商也不是消费者,他们进行期货交易不是为了对冲现货市场的贸易风险,而是为了投机获利。商业交易者和非商业交易者被认为是套期保值者和投机者,这种分类方法在文献中经常使用(Alquist, Gervais, 2011; Buyuksahin, Harris, 2011; Ding et al., 2014)。以对冲基金为主的投机性机构持仓是 CFTC 持仓报告中最核心的内容。

我们使用研究者广泛使用的 Working 指数(Working,1960)作为金融市场上投机指数的代理变量。该指数的具体计算公式为

$$SI = \begin{cases} 1 + \dfrac{SS}{HL + HS}, & HS \geqslant HL \\ 1 + \dfrac{SL}{HL + HS}, & HL \geqslant HS \end{cases} \qquad (4.1)$$

其中,SS 是投机者持有的净空头持仓,SL 是投机者持有的净多头持仓,HS 是套期保值者持有的净空头持仓,HL 是套期保值者持有的净多头持仓。Working 投机指数不仅适用于分析金融投机在石油价格波动中的作用,也被广泛使用在很多大宗商品期货及金融期货的分析中。

从图 4.2 可以看出,2000 年以后到金融危机爆发之前,国际原油价格与投机指数基本呈现一致的波动态势,而在 2008 年以后,国际石油的价格与投机指数开始呈现明显的反向变动趋势,石油价格下降尤其是大幅下降时期,投机指数均出现明显上升,而石油价格相对缓和时期,投机指数较低,投机行为的大量出现对石油价格的波动起到了推波助澜的作用。

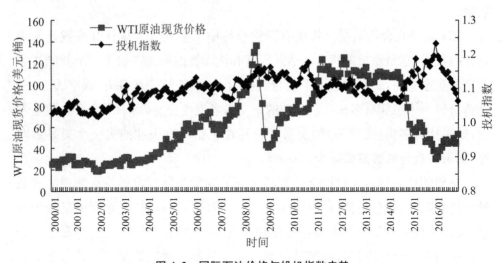

图 4.2　国际石油价格与投机指数走势

数据来源：Wind 资讯及作者根据 CFTC 数据计算得到

4.1.1.3　全球货币供应量(M2)

货币供应量由现金和包括中央银行在内的金融机构供应的存款货币两部分构成。根据货币经济学理论，货币供应量可以根据流动性的标准进行多层次划分，而在具体指标上，各国间则存在着一些区别。但一般学术界都使用 M2 来反映一个经济体的货币供应量。

全球货币供应量是全球各经济体货币供应量之和，但目前并没有一个统一的全球 M2 存量数据，因此学者以及世界经济组织如 IMF、世界银行等在做相关研究时，一般都是通过对主要经济体 M2 进行加总。因此，本书也选取全球最大的四个经济体（欧元区、美国、中国、日本）的 M2 规模，并利用美元即期汇率将欧元区、中国和日本的 M2 折算成美元，最终以加总得到的货币供应量代表全球货币供应状况。从图 4.3 可以看到，自 2000 年以来，全球货币供给总量在持续上升，特别是 2008 年金融危机后全球货币总量上升明显，其中美国和中国上升速度较快，这与美国实施量化宽松政策及中国采取宽松货币政策有很大的关系。尽管欧元区和日本在金融危机后也实施了量化宽松政策，但由于总体上欧元和日元对美元货币出现贬值（图 4.4），导致以美元计价的 M2 规模上升幅度不大。Anzuini 等(2012)认为，美国扩张的货币政策对 1970～2008 年国际石油价格上升具有重要影响，而根据 Ratti 和 Vespignani(2013)的研究，以 M2 衡量的全球流动性增长是导致金融危机后 2009～2011 年全球石油价格回升的重要原因。

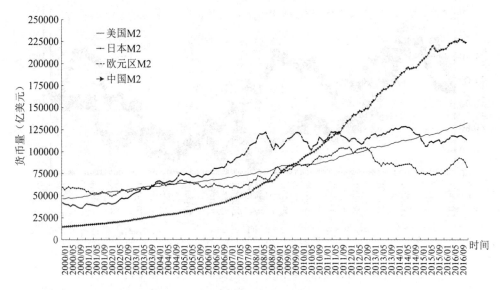

(a) 四大经济体货币流动性情况

数据来源：Wind 资讯

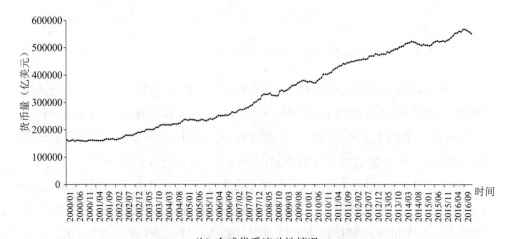

(b) 全球货币流动性情况

数据来源：作者根据主要经济体数据加总计算得到

图 4.3　四大经济体及全球货币流动性情况

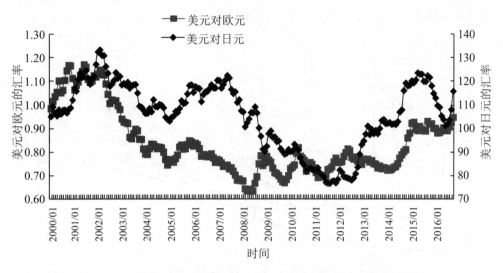

图 4.4　美元对欧元、日元汇率的变化情况

数据来源：Wind 资讯。使用美元对欧元和日元的月度平均汇率值

4.1.2　基本面因素

4.1.2.1　实际总需求（AD）

全球经济活动繁荣与否直接影响原油的总需求，是油价变动的一个重要决定因素。现有文献通常用 GDP（Hamilton，1983）或者工业产出（Papapetrou，2001）衡量一个国家的经济活动，近来也有研究将 Kilian（2009）提出的全球经济活动指数用来衡量全球经济活动情况（Ratti，Vespignani，2016）。

Kilian（2009）认为，一些国家（主要是发展中国家和小的工业化国家）GDP 或工业产出数据难以获得；一些国家的经济活动对世界经济的影响无法估计（其生产活动在世界经济中的重要性难以判断）；一些国家（服务业在 GDP 中比重较大的工业化国家）的服务业对原油的需求远低于工业制造业的需求。因此，与石油需求相对应的全球经济活动程度很难量化，GDP 的变动不能完全反映这些国家原油需求的变化。同样的，由于前面提到的数据难以获得、对于世界经济的影响无法估计以及产业结构层次的差异性，即使选取的是工业产出的数据，也难以度量全球经济活动的情况。基于此，Kilian 将全球干货单航次运价指数（global index of dry cargo single voyage freight rates）用来衡量全球经济运行状况。他认为，由干货单航程海运费率建立的实际经济活动指数，主要是为了得到全球商业市场工业商品需求的变化。运输服务的需求是迄今为止世界经济活动的最重要的决定因素之一。Klovland(2004)和Stopford(1997)的研究表明,在中短途运行且货运量较低时的货运供给曲线是相对平坦的。由于全球经济活动的增加会导致航运服务需求的转变,闲置的船舶可能会恢复航运或者活跃的船舶可能会减少休息并加速运行,供给曲线的斜率会变得越来越陡峭并且运费也会随之增加。在所有船舶都被充分利用的情况下,供给曲线就会变为一条垂直的直线。与此相反,随着全球商业活动的下降,则航运市场可能会有一个相当长的低谷期,即使商业周期过去很长一段时间,航运过剩的问题可能依然普遍存在,运费会长期低迷。上述表明,货运费率同全球商业周期密切相关,可以用来衡量全球经济运行情况,侧面反映出全球经济繁荣与否。

德鲁里航运咨询有限公司收集了各种散装货物航运费率,包括粮食、油料、煤炭、铁矿石、化肥以及废金属,并提供了不同的商品、航线和船舶尺寸的报价。Kilian以1968年1月为基准,计算每个系列的周期增长率,采取相同的权重加权平均这些增长率并累积平均增长率,接着将这一系列指数与美国的CPI联系起来。近几十年来,海运干散货的成本急剧下降,这种趋势反映了造船技术的进步,也可能与海上运输需求的长期趋势有关,Kilian以海运费率的周期性变化而不是以长期的趋势为中心,因此他将实际运费指数线性趋势化,并将长期趋势与实际运费率的偏离定义为全球经济活动指数。

基于上述分析,本章采用Kilian(2009)提出的全球经济活动指数,该指数用的是月度数据,相对于GDP的季度数据而言,能够提供更多有关全球经济活动的信息。

从图4.5可以看出,2000年以后全球经济活动指数处于不断变化之中。从2003年到2008年中期,全球经济活动指数始终处于正值,说明全球经济从2003开始处于扩张之中。在2008年经济危机之后,全球经济活动也开始衰退。2009年到2012年,全球经济活动开始复苏,但是增长率逐渐降低。2012年之后,全球经济活动还是处于衰退的阶段,即使2013年有短暂的恢复,之后还是大幅度下跌,直到2016年开始,全球经济活动指数才出现明显反弹。从总体来看,国际石油价格与全球经济活动指数之间存在明显的正相关关系,全球经济活动的繁荣或复苏一般对应着石油价格的上升;反之,则出现石油价格的下跌。

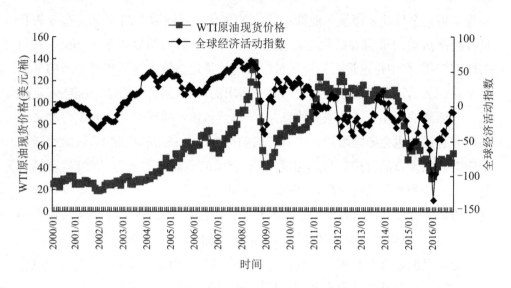

图 4.5 世界原油价格与全球经济活动指数变化

数据来源：http://www-personal.umich.edu/~lkilian/reaupdate.txt

4.1.2.2 全球石油供给(AS)

由于世界原油的分布不平衡，导致石油供应受到一些特定组织和区域因素的影响。根据 EIA 数据，目前可开采的石油 80% 集中于中东，其中 60% 以上位于沙特阿拉伯、阿拉伯联合酋长国、伊拉克、卡塔尔和科威特。从历史来看，20 世纪 70~80 年代前，世界原油的供给方主要是 OPEC，OPEC 通过市场份额垄断对石油价格形成巨大的影响。近几年，伴随西方石油消费国调整能源消费结构以及非 OPEC 产油国的石油产量持续上升，OPEC 对石油市场的影响力在减弱。

从图 4.6 可以看出，国际石油产量总体上保持着较平稳的增长态势。世界石油产量由 OPEC 国家的石油产出加上非 OPEC 国家的石油产出，其中波斯湾国家的石油产出也会直接影响世界石油产出。

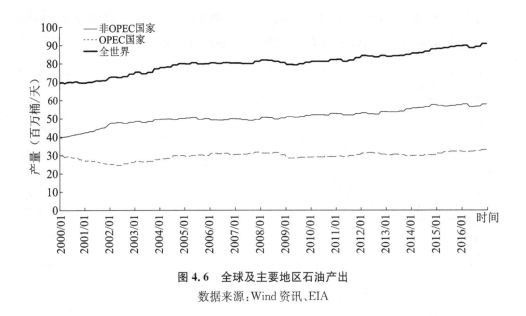

图 4.6 全球及主要地区石油产出
数据来源：Wind 资讯、EIA

4.1.2.3 石油库存（KC）

石油库存是总供给和总需求之间的一个缓冲器，对国际原油价格的稳定发挥着积极的作用。当石油价格较低的时候，增加石油库存，相当于减少供给，推动石油价格上涨；当石油价格较高的时候，减少石油库存，相当于增加供给，促进石油价格的回落。

学者研究的库存主要分为美国石油库存以及全球石油库存。由于美国的石油库存占全球库存的比例比较高，美国的经济状况会显著影响全球的经济状况，并且美国是世界上石油生产和消费大国，因此，美国石油协会（API）和美国能源情报局（EIA）每周公布的石油库存和需求数据已经成为许多石油投资者判断短期国际石油供需状况以及进行实际操作的依据。但随着中国等一些国家在石油消费中的比重不断提高，中国及其他 OECD 国家石油库存的重要性也在不断上升，因此单纯使用美国石油库存已难以反映全球石油总库存的变化。目前，石油库存对国际原油价格的影响越来越明显，尤其是库存变化与市场预期会引起石油期货价格的大幅波动。在没有突发性事件的影响下，原油库存的突然增加意味着市场投机的增加，有部分文献将库存的变动作为投机的证据（Fattouh et al.，2013；Kilian, Murphy, 2013；Kilian, Lee, 2014）。

从图 4.7 可以看出，全球石油库存与国际原油价格的变化虽然有一定的相关性，但相关程度并不是很强。一般认为，当石油库存增加时，表明市场上石油的供给过剩,消费不足,供过于求,导致石油价格下跌;当石油库存减少时,表明市场上石油的需求旺盛,推动了生产,导致石油价格上涨。

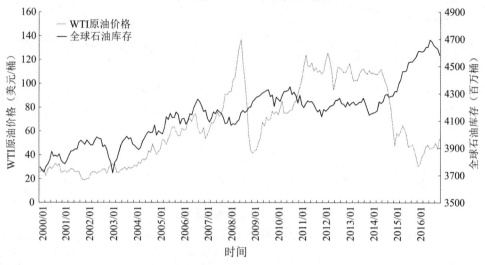

图 4.7 国际原油价格与全球石油库存规模

数据来源:Wind 资讯、EIA

4.2 计量模型介绍与基本统计描述

4.2.1 VAR 模型介绍

1980 年,西姆斯(Sims)首先在经济学领域使用向量自回归模型(VAR 模型),推动了时间序列数据系统分析的发展。VAR 模型是根据数据的统计性质建模的,并没有考虑变量之间实际的经济关系。VAR 模型将所有的内生变量看作一个整体,对所有内生变量滞后期进行函数建模,常常应用于研究相互联系的时间序列数据系统中变量之间的影响程度以及随机扰动项对变量系统的冲击,能够有效解释各种变量的冲击对其他变量的影响。

VAR(p)模型的数学表达式为

$$y_t = \beta + \sum_{i=1}^{m} A_i y_{t-i} + \mu_t \tag{4.2}$$

其中,y_t 是 k 维内生变量列向量,i 是滞后阶数,A_i 是系数矩阵,μ_t 是 k 维扰动列向量,它们相互之间可以同期相关,但是不与自己的滞后值相关。

4.2.2 SVAR 模型介绍

传统的 VAR 模型反映各个内生变量当期之间的相互关系,VAR 模型方程并没有内生变量的当期值,因此需要引入结构向量自回归模型(SVAR 模型),通过增加结构向量,反映各内生变量之间的当期关系。

本章采用 SVAR 模型主要基于以下三个原因:第一,影响国际石油价格的各个变量之间存在一定的内生性,比较适合用 SVAR 模型来研究;第二,SVAR 模型是在 VAR 模型的基础上引入了变量之间的当期关系,能反映出各因素间的逻辑关系;第三,SVAR 具有更好的统计性质。

k 个内生变量,p 阶滞后的结构向量自回归模型 SVAR(p) 的表达式为

$$By_t = \beta + \sum_{i=1}^{m} A_i y_{t-i} + \mu_t \tag{4.3}$$

其中,矩阵 B 是主对角线元素均为 1 的系数矩阵,β、μ_t 分别表示 k 阶的常数矩阵和误差矩阵,A_i 为滞后项的系数矩阵。SVAR 与 VAR 的差别体现在系数矩阵 B 上,当系数矩阵 B 是 k 阶的可逆矩阵时,上式可转化为简单的 VAR 形式:

$$y_t = \beta + \sum_{i=1}^{m} B^{-1} A_i y_{t-i} + \mu_t \tag{4.4}$$

SVAR 模型如果想要得到结构式唯一的估计参数系数矩阵,要求一些识别条件,即简化式的未知参数要大于或等于结构式的未知参数。因此,如果不对结构式变量的系数矩阵加以限制,则会出现模型不可识别的问题。对于 k 元 p 阶的向量自回归模型(SVAR),我们需要施加 $k(k-1)/2$ 个限制条件才能估计出结构式模型的参数。这些约束条件可以是短期的也可以是长期的。

4.2.3 数据处理与统计描述

由于本文研究的波动性一般用对数收益率的相对值或绝对值来描述,故将对数收益率定义为 $r_{i,t} = \ln(p_{i,t}/p_{i,t-1})$。除了全球经济活动指数直接用原始数

据外,其他变量均采用对数收益率形式,分别使用 $\Delta\ln(AS)_t$、AD_t、$\Delta\ln(KC)_t$、$\Delta\ln(SI)_t$、$\Delta\ln(USDX)_t$、$\Delta\ln(M2)_t$ 和 $\Delta\ln(p_{\text{WTI},t})$ 表示国际石油总供给、全球总需求、全球原油库存、投机指数、美元指数、全球货币供应量和国际石油价格。各变量基本统计指标见表 4.1。

表 4.1 显示,部分变量如国际石油价格、石油总供给的收益率以及总需求的偏度为负,而美元指数、投机指数、全球货币供应量以及全球石油库存收益率的偏度为正,说明收益率系列是有偏分布的,而峰度除了总需求之外,检验值均大于 3,说明存在明显的尖峰现象。JB 正态分布检验也表明,石油价格的波动不服从正态分布。

表 4.1 各变量基本统计状况

	$r_{\text{WTI},t}$	$r_{\text{USDX},t}$	$r_{\text{SI},t}$	$r_{\text{M2},t}$	$r_{\text{AS},t}$	AD_t	$r_{\text{KC},t}$
均值	0.002	0.000	0.001	0.006	0.001	10.146	0.002
最大值	0.207	0.064	0.043	0.049	0.029	66.075	0.032
最小值	−0.373	−0.033	−0.035	−0.025	−0.024	−61.766	−0.024
标准差	0.088	0.012	0.013	0.012	0.008	30.137	0.011
偏度	−0.965	0.648	0.049	0.411	−0.040	−0.132	0.178
峰度	4.880	5.900	3.390	3.823	4.046	2.170	2.801
JB 值	57.794	80.261	1.286	10.765	8.763	6.042	1.322
P 值	0.000	0.000	0.526	0.005	0.013	0.049	0.516
观测值	203	203	203	203	203	203	203

从表 4.2 可以看出国际石油价格与各解释变量收益率之间的相关系数,总体来看,石油价格与美元指数、全球石油库存以及投机指数负相关,与总需求正相关。负相关性最强的为美元指数,其相关系数超过 −0.4,居各变量相关系数之首,与全球经济活动指数代表的总需求的相关系数达到 0.23,居第二位。

表 4.2 各变量的相关系数表

	$r_{\text{WTI},t}$	$r_{\text{USDX},t}$	$r_{\text{SI},t}$	$r_{\text{M2},t}$	$r_{\text{AS},t}$	AD_t	$r_{\text{KC},t}$
$r_{\text{WTI},t}$	1.00						
$r_{\text{USDX},t}$	−0.42 (0.00)	1.00					

续表

	$r_{\text{WTI},t}$	$r_{\text{USDX},t}$	$r_{\text{SI},t}$	$r_{\text{M2},t}$	$r_{\text{AS},t}$	AD_t	$r_{\text{KC},t}$
$r_{\text{SI},t}$	−0.13 (−0.08)	0.26 (0.00)	1.00				
$r_{\text{M2},t}$	0.14 (−0.06)	−0.70 (0.00)	−0.15 (−0.04)	1.00			
$r_{\text{AS},t}$	0.04 (−0.54)	0.05 (−0.52)	0.10 (−0.17)	−0.05 (−0.53)	1.00		
AD_t	0.23 (0.00)	−0.20 (0.00)	0.03 (−0.66)	0.12 (−0.11)	0.06 (−0.45)	1.00	
$r_{\text{KC},t}$	−0.09 (−0.10)	0.06 (−0.41)	−0.05 (−0.47)	−0.14 (−0.05)	0.02 (−0.77)	−0.11 (−0.14)	1.00

注:括号里的数值为相关系数显著性概率。

从各解释变量间的相关性来看,美元指数与全球经济活动指数代表的总需求、全球货币供应量负相关,与投机指数正相关;全球货币供应量与全球经济活动指数正相关;其他变量间相关系数较低且不显著。美元指数与投机指数之间的相关系数达到 0.26;美元指数与全球经济活动指数代表的总需求之间的相关系数约为 −0.2。因此,各解释变量如美元指数、全球货币供应量、全球经济活动指数以及投机指数等之间存在着一定的相关性,但相关性并不是很明显。

4.3 实 证 结 果

4.3.1 变量平稳性检验

进行 SVAR 建模之前首先需要对变量序列的平稳性进行检验。数据的平稳性是研究时间序列相关理论的基础,当时间序列不平稳时,会导致"伪回归"现象。因此在进行 SVAR 模型实证研究之前,应首先对各个收益率系列进行单位根检验以确定各序列的平稳性。

根据表 4.3 可知,各变量的 ADF 值均小于对应的 1‰ 显著性水平下的临界值,因此拒绝原假设,收益率序列不存在单位根,即收益率序列是平稳的,可以进一步对各变量序列进行计量分析。

表 4.3　各变量的 ADF 检验结果

变量	ADF 检验值	临界值(1%)	临界值(5%)	平稳性
$r_{\text{WTI},t}$	−11.25	−4.01	−3.43	平稳
$r_{\text{SI},t}$	−12.53	−4.01	−3.43	平稳
$r_{\text{M2},t}$	−12.48	−4.01	−3.43	平稳
$r_{\text{USDX},t}$	−10.05	−4.01	−3.43	平稳
$r_{\text{KC},t}$	−10.29	−4.01	−3.43	平稳
$r_{\text{AS},t}$	−13.27	−4.01	−3.43	平稳
AD_t	−6.67	−4.01	−3.43	平稳

4.3.2　施加 SVAR 约束

通过对传统的 VAR 模型施加约束,可以进一步构建 SVAR 模型。本文采用的是 AB 型的 SVAR 模型,其中,约束矩阵 A 是模型影响因素同期之间的系数矩阵,且主对角线元素均为 1,具体 SVAR 模型为

$$AY_t = \omega + \sum_{i=1}^{m} B_i Y_{t-i} + \varepsilon_t \tag{4.5}$$

其中,A 是 7×7 维的结构系数矩阵,表示 7 个变量之间的当期关系;Y_t 是 7×1 维的内生变量向量,对应着全球原油总供给、全球总需求、全球原油库存、投机指数、美元指数、全球货币供应量和国际石油价格;ω 是 7×1 维的常数项;i 是模型的滞后期数;B_i 是 7×7 维的反馈系数矩阵,表示各个变量滞后期与当期的关系;Y_{t-i} 是滞后 i 期的 Y_t 值;ε_t 是残差序列,表示作用于 7 个变量上的结构式冲击,即结构式扰动项。

$$\boldsymbol{Y}_t = \begin{bmatrix} r_{\text{WTI},t} \\ r_{\text{AS},t} \\ AD_t \\ r_{\text{KC},t} \\ r_{\text{SI},t} \\ r_{\text{USDX},t} \\ r_{\text{M2},t} \end{bmatrix}, \quad \boldsymbol{\varepsilon}_t = \begin{bmatrix} \varepsilon_{\text{WTI},t} \\ \varepsilon_{\text{AS},t} \\ \varepsilon_{\text{AD},t} \\ \varepsilon_{\text{KC},t} \\ \varepsilon_{\text{SI},t} \\ \varepsilon_{\text{USDX},t} \\ \varepsilon_{\text{M2},t} \end{bmatrix} \qquad (4.6)$$

其中,$\boldsymbol{\varepsilon}_t \sim VWN(0, I_7)$。

对式(4.5)进行变换,得到

$$\boldsymbol{Y}_t = \boldsymbol{\beta} + \sum_{i=1}^m \boldsymbol{B}_i^{-1} \boldsymbol{Y}_{t-i} + \boldsymbol{\mu}_t, \quad \boldsymbol{\mu}_t = \boldsymbol{A}^{-1} \boldsymbol{\varepsilon}_t \qquad (4.7)$$

SVAR模型的识别条件主要依据经济理论及变量间的相互逻辑关系进行判定,参考Kilian(2009)、Kilian和Lee(2014)、Ratti和Vespignani(2013)、Chen等(2016)等相关文献的做法,具体识别条件如下:

(1) 国际石油价格($r_{\text{WTI},t}$)受其他所有因素(包括金融市场因素和基本面因素)的影响,包括自己滞后项的影响,即α_{12}、α_{13}、α_{14}、α_{15}、α_{16}和α_{17}均不为0。

(2) 国际石油总供给($r_{\text{AS},t}$)不会受到当期的总需求(AD_t)、全球石油库存($r_{\text{KC},t}$)、投机指数($r_{\text{SI},t}$)、美元指数($r_{\text{USDX},t}$)、全球货币供应量($r_{\text{M2},t}$)以及国际原油价格($r_{\text{WTI},t}$)的影响。根据Kilian(2009)的研究,石油生产和供给基本上是稳定的,对很多变量都不敏感,因此α_{21}、α_{23}、α_{24}、α_{25}、α_{26}和α_{27}均为0。

(3) 全球总需求(AD_t)受全球货币供应量($r_{\text{M2},t}$)的影响。根据现代货币理论,一国通过相机抉择的货币政策能够对一国宏观经济产生影响,即实施需求管理政策,从而对石油需求产生影响。但对石油总供给($r_{\text{AS},t}$)、全球石油库存($r_{\text{KC},t}$)、投机指数($r_{\text{SI},t}$)、美元指数($r_{\text{USDX},t}$)以及国际原油价格($r_{\text{WTI},t}$)没有影响,即α_{37}不为0,α_{31}、α_{32}、α_{34}、α_{35}、α_{36}均为0。

(4) 全球石油库存($r_{\text{KC},t}$)不受其他因素影响。根据Kilian和Lee(2014)的分析,石油库存带有很强的随机性,与石油市场波动关系微弱,因此α_{41}、α_{42}、α_{43}、α_{45}、α_{46}和α_{47}均为0。

(5) 投机指数($r_{\text{SI},t}$)受到石油总供给($r_{\text{AS},t}$)、全球总需求(AD_t)及全球货币供应量($r_{\text{M2},t}$)的影响。根据Kilian和Lee(2014)及Chen等(2016)的研究,金融市场上石油投机行为与全球石油市场上的供给需求有很大关系,特别是需求或供给发生重大变化的时期。同时全球量化宽松等货币政策实施带来的货币供应量变化也对投机行为产生影响,因此,α_{52}、α_{53}、α_{57}不为0,其余均为0。

(6)美元指数($r_{USDX,t}$)受全球总需求(AD_t)以及全球货币供应量($r_{M2,t}$)的影响。McCauley和McGuire(2009)等指出,金融危机爆发后,美元指数波动受到国际金融市场动荡程度的影响,凸显美元及美元资产的避险特征。尤其是在金融危机期间,由于金融市场波动和风险偏好下降,各种类型的投资者购买美元及美元资产,导致美元大幅度升值。而全球经济活动指数表现得越好,则市场信心越强,美元指数下行。同时全球采取扩张的货币政策也会提振市场信心,带来美元避险资产价值下降,带动美元指数下降。在正常时期,美元指数没有明显受到其他因素的影响。因此,设定α_{63}、α_{67}不为0,其余均为0。

(7)全球货币供应量($r_{M2,t}$)不受其他因素影响。根据现代货币政策理论,无论是泰勒规则还是通胀目标制,货币政策及货币供应量均与石油市场波动和汇率因素关系不大。因此,α_{71}、α_{72}、α_{73}、α_{74}、α_{75}和α_{76}均为0。

根据以上约束条件,SVAR扰动项与结构冲击项的关系如下:

$$\boldsymbol{\mu}_t = \begin{bmatrix} \mu_{WTI,t} \\ \mu_{AS,t} \\ \mu_{AD,t} \\ \mu_{KC,t} \\ \mu_{SI,t} \\ \mu_{USDX,t} \\ \mu_{M2,t} \end{bmatrix} = \begin{bmatrix} 1 & \alpha_{12} & \alpha_{13} & \alpha_{14} & \alpha_{15} & \alpha_{16} & \alpha_{17} \\ 0 & 1 & 0 & 0 & 0 & 0 & 0 \\ 0 & 0 & 1 & 0 & 0 & 0 & \alpha_{37} \\ 0 & 0 & 0 & 1 & 0 & 0 & 0 \\ 0 & \alpha_{52} & \alpha_{53} & 0 & 1 & 0 & \alpha_{57} \\ 0 & 0 & \alpha_{63} & 0 & 0 & 1 & \alpha_{67} \\ 0 & 0 & 0 & 0 & 0 & 0 & 1 \end{bmatrix} \begin{bmatrix} \varepsilon_{WTI,t} \\ \varepsilon_{AS,t} \\ \varepsilon_{AD,t} \\ \varepsilon_{KC,t} \\ \varepsilon_{SI,t} \\ \varepsilon_{USDX,t} \\ \varepsilon_{M2,t} \end{bmatrix} \quad (4.8)$$

4.3.3　SVAR模型滞后期的确定

滞后阶数对SVAR模型的结果有很大影响。滞后阶数偏小会造成残差项自相关从而导致估计参数产生非一致性偏误,滞后阶数偏大会造成模型自由度降低从而影响有效性,需要在两者之间寻找平衡。本文依据AIC(Akaike Information Criterion)和SC(Schwarz Criterion)信息准则选取滞后期,AIC信息准则是衡量统计模型拟合优良性的一种标准,SC信息准则的检验思想也是通过比较不同分布滞后模型的拟合优度来确定合适的滞后期长度。如表4.4所示,在滞后阶数为1、2的假设下,显著的信息准则数量均为2个,因此SVAR

模型的滞后阶数为 2。

表 4.4 滞后阶数的选择

Lag	LogL	AIC	SC
0	2294.39	−25.00	−24.88
1	2575.86	−26.00	−26.55
2	2625.74	−26.45*	−27.31*
3	2667.95	−26.48	−25.77
4	2702.72	−26.32	−23.76
5	2763.63	−26.44	−23.03
6	2794.60	−26.25	−22.90
7	2831.08	−26.12	−21.08
8	2868.12	−26.32	−19.80

注：*代表判断准则选定的滞后期。

4.3.4 实证结果及分析

以 2008 年 8 月金融危机爆发为界，我们将样本时间段 2000 年 1 月到 2016 年 12 月划分为 2000 年 1 月～2008 年 8 月（第一阶段）、2008 年 9 月～2016 年 12 月（第二阶段）两个时期作对比研究，分析金融危机前后影响国际原油价格波动的主要因素是否有变化。这种划分具有两个好处：第一，2008 年 8 月不但是全球金融危机爆发的时间点，同时也是国际原油价格开始暴跌的时间点，因此依据此划分的该时间点不但对金融市场具有转折性的意义，也使国际石油市场价格呈现出典型的阶段性差异；第二，从样本的数量上来说，2008 年 8 月将样本划分为两个时间段后，前后两个时期样本数量差别不大，在计量上均符合实证研究的要求。

本书重点关注的是国际原油价格波动对其他影响因素冲击的响应程度，即某一影响因素变动对国际石油价格冲击的影响程度，为了更为直观地反映这一点，利用 VAR 模型（包括 SVAR 模型）特有的脉冲响应函数和方差分解进行分析。

4.3.4.1 脉冲响应结果

脉冲响应函数是指对一个扰动项施加一次冲击后,对各内生变量当期值及未来几期值的影响。设定滞后长度为 10 个月,通过模型可以计算出各个冲击对国际原油价格波动的长期及短期影响。图 4.8 和图 4.9 分别显示了根据 SVAR 模型得到的两个阶段的脉冲响应结果。

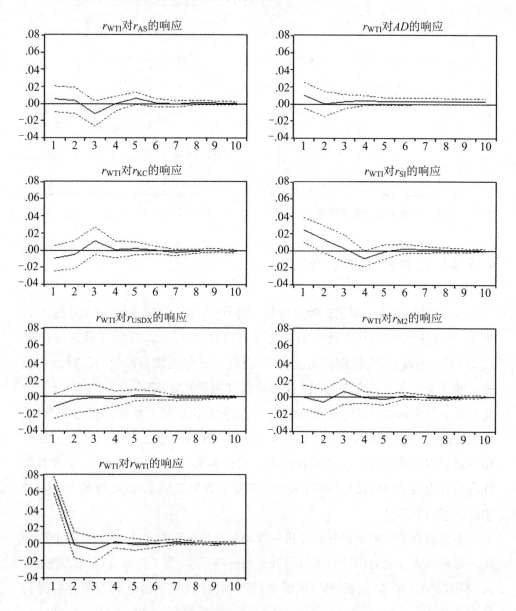

图 4.8 基于 SVAR 模型的脉冲响应图(2000 年 1 月～2008 年 8 月)

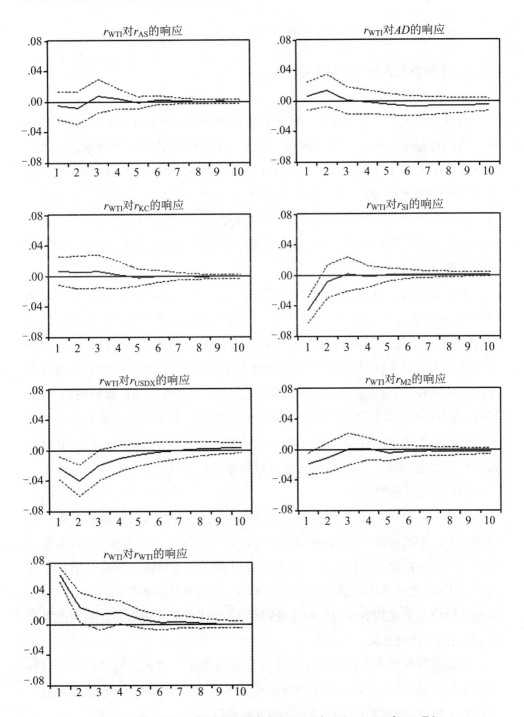

图 4.9 基于 SVAR 模型的脉冲响应图(2008 年 9 月～2016 年 12 月)

4.3.4.2 对脉冲响应结果的分析

1. 金融市场因素冲击的影响

（1）投机活动的冲击

投机活动的冲击是近年来国际原油价格波动的很重要的影响因素,无论在第一阶段还是第二阶段,石油期货市场上投机活动的冲击均对国际原油价格产生显著影响。在第一阶段,投机活动对国际原油价格的冲击是正向的。从第三个月开始轻微波动,转向负向冲击,第六个月转向正值,八个月之后影响基本消失。在第二阶段,投机活动对国际原油价格波动的影响更为显著,几乎是第一阶段的两倍,说明第二阶段投机因素对国际原油价格影响更大,之后影响力度逐渐下降,到第八个月逐渐消失。

大量投机者通过国际石油期货市场交易进行获利,当预期石油价格在未来上涨时,投机者会迅速地买进期货合约,以期在未来石油价格上升时抛出而获利,而大量投机性的购买,又会进一步促进石油期货价格的上涨；反之,当预期石油价格未来会下跌时,投机者会迅速地卖出期货合约,以期在未来石油价格下跌时买进补仓,而大量投机性的抛售,又会进一步促进石油期货价格的下跌。因此,当市场处于牛市的时候,人们看好市场,即使一些微不足道的利好消息都有可能刺激投机者的看涨心理,引起石油价格的上涨；当市场处于熊市的时候,人们看空市场,小的利空消息也可能导致价格快速下跌。

（2）美元指数的冲击

在第一阶段,美元指数对石油价格波动产生负向冲击,九个月后影响力度逐渐消失。第二阶段,美元指数对国际原油价格的冲击一直是负向的,即美元贬值会引起国际原油价格上涨。美元指数对国际原油价格的影响在第二个月达到最大值,之后迅速回落,影响力缓慢减少,第六个月逐渐消失。第二阶段国际原油价格对美元指数冲击的响应变得更大,意味着美元指数的影响力变得更强,但是消失得也比第一阶段快。

美元指数的冲击为负和前文的理论分析结果是一致的。从2002年开始,美元指数长期下行,有效支撑了国际原油价格上涨。而2014年依赖美元指数的强势上扬,是近年来石油价格下降的重要原因。

（3）全球货币供应量的冲击

第一阶段,全球货币供应量对石油价格的初始冲击为负向冲击,但到第三个月变为正向冲击,第四个月达到正向冲击最大值,之后影响力开始波动减弱,八个月后基本消失。第二阶段,全球货币供应量对国际原油价格的冲击就相对较弱。第一个月为负向冲击,第二个月转为正向冲击,五个月后影响力逐渐消失。相对于第一阶段来说,第二阶段全球货币供应量的影响力有所减弱并且影响时间也相应缩短。

全球货币供应量对国际原油价格波动的影响也符合前文的理论预测,全球货币供应量的上升促进了石油价格的上升。2008年金融危机后全球主要经济体实行相对宽松的货币政策,尤其是美联储、欧洲央行、日本央行等主要央行实施量化宽松政策,带来全球货币流动性的增加,有助于解释2009年至2014年的石油价格反弹,而2013年年底,美国开始退出量化宽松,并酝酿加息,为石油价格下跌提供了解释。

2. 基本面因素冲击的影响

(1) 石油供给冲击

第一阶段,国际原油价格对石油供给冲击在第一个月的响应程度比较小,从第二个月开始负向变动,第三个月振幅达到最大值,第四个月开始影响方向改变,向正向冲击发展,第五个月开始减弱,七个月之后基本消失。冲击之所以这样变化,可能是由于国际石油的价格有一定刚性,未能及时根据石油供需变化做出反应,大概经过一个月的滞后期,国际石油市场上供大于求导致石油价格开始下降,石油价格的下降反过来刺激了石油需求的增加,从而导致石油价格开始上升,直至国际石油市场达到供需平衡,石油供给冲击的影响才开始消失。而在第二阶段,国际原油价格对石油供给的冲击从第一个月就开始了,逐渐增加到第二个月开始衰退,第三个月开始正向冲击,五个月后影响力基本消失。石油供给冲击的影响和本文的理论预测是一致的。

(2) 石油需求冲击

国际原油价格对石油需求冲击的响应一般是正向的,这和需求影响价格的经济理论是相符的。第一阶段,国际石油的需求冲击从第一个月开始增加,第二个月到达最大振幅,三个月后开始转为负向冲击,缓慢震荡,六个月后冲击基本消失。第二阶段,国际石油的需求冲击从第一个月开始增加,第二个月逐渐回落,三个月之后逐渐消失。与供给冲击相似,石油库存作为供给需求的调节器,可以迅速稳定物价。

(3) 石油库存冲击

第一阶段，国际石油库存对石油价格的冲击表现为"先负后正"。从第一个月开始，国际石油库存的影响迅速增加，第二月振幅为负向最大值，然后迅速减弱，三个月后变为正向冲击，四个月后冲击基本消失。作为国际原油价格的"缓冲器"，石油库存对国际原油价格的波动起缓冲作用。第二阶段，国际原油价格对石油库存冲击的响应一直都是负向的，且影响力从第二个月之后开始减少，三个月后就已经降到很低，之后平缓波动，十个月后才基本消失。

4.3.4.3 方差分解结果

为了进一步检验各内生变量对石油价格波动的贡献度，下文对 SVAR 模型中石油价格的影响因素进行了方差分解，表 4.5 和表 4.6 分别给出了 SVAR 模型在 2008 年金融危机前后石油价格波动各期影响因素的贡献度。

表 4.5 第一阶段内 SVAR 模型石油价格方差分解(%)

	$r_{AS,t}$	AD_t	$r_{KC,t}$	$r_{SI,t}$	$r_{USDX,t}$	$r_{M2,t}$	$r_{WTI,t-1}$	基本面因素	金融市场因素
1	0.64	0.95	0.95	0.95	0.95	0.64	94.93	2.53	2.53
2	1.00	5.49	2.50	26.33	33.63	11.19	19.86	9.00	71.15
3	0.76	27.90	10.73	14.00	23.00	14.16	9.44	39.39	51.17
4	0.72	26.45	10.04	18.46	22.23	13.26	8.84	37.20	53.95
5	0.70	29.08	9.58	17.48	21.36	13.44	8.36	39.37	52.27
6	0.72	28.48	9.36	17.40	22.37	13.52	8.16	38.55	53.29

表 4.6 第二阶段内 SVAR 模型石油价格方差分解(%)

	$r_{AS,t}$	AD_t	$r_{KC,t}$	$r_{SI,t}$	$r_{USDX,t}$	$r_{M2,t}$	$r_{WTI,t-1}$	基本面因素	金融市场因素
1	0.64	0.95	0.95	0.95	0.95	0.64	94.93	2.53	2.53
2	0.64	13.77	0.69	16.48	61.29	0.49	6.64	15.11	78.26
3	0.52	13.64	0.73	22.25	54.84	2.45	5.58	14.89	79.54
4	0.53	13.00	0.80	24.20	51.27	4.71	5.49	14.33	80.18
5	0.52	13.56	1.83	24.16	49.75	4.91	5.26	15.91	78.83
6	0.52	13.46	1.94	24.27	49.52	5.07	5.21	15.92	78.86

4.3.4.4 对方差分解结果的分析

第一阶段内石油价格波动的方差分解表明，金融市场因素对国际原油价格波动产生显著的影响。金融市场因素可以解释石油价格波动原因的50%以上,而基本面因素只能解释38%左右。

第二阶段,投机因素及美元指数对国际原油价格波动的影响显著提高。投机指数由17%上升到24%,美元指数由22%大幅上升至49%,总的来说,基本面因素对石油价格波动的解释度占16%,金融市场因素占79%。因此,可以得出以下结论:金融危机前,金融市场因素已经成为国际原油价格波动的重要因素;而2008年金融危机后,金融市场因素的作用有了明显提升。

4.3.5 对金融市场因素影响石油价格的进一步解释

4.3.5.1 投机因素

20世纪80年代的自由化以及市场的制度变迁促进金融机构在20世纪90年代早期推出了商品指数;美国在2000年推出的《商品期货现代化法案》中大幅放松对衍生品市场的监管。这些表明,在20世纪下半叶,石油已成为越来越受投资者欢迎的资产类别,期货市场的出现也为投资者提供了对冲的机会,同时也扩大了石油投机的规模。2000年以来,石油等大宗商品市场和外汇等金融市场一样,也逐步走向金融化,石油等商品价格主要由金融市场尤其是期货市场上的指数化交易行为决定。据英国央行统计,90%的石油商品互换和期权交易发生在场外。随着金融化的加速,一些大型的投资资金开始增加,如对冲基金、养老基金等。石油市场金融化的发展使市场上利用石油期货牟利的投机者数量不断增加,他们通过买卖石油期货合同影响石油期货价格,进而影响石油现货市场价格。因此,在金融危机之前,石油投机因素对国际石油的价格产生了显著的影响。与石油投机相联系的就是人们的预期。2008年以后,投机对国际原油价格的影响更加显著,这和市场的恐慌情绪有关。当市场恐慌情绪上升时,原油价格下跌;当市场恐慌情绪缓解时,原油价格上涨。这主要有两方面的原因:一是金融危机后,市场恐慌情绪上升或下降的背后都反映了市场对于未来宏观经济的悲观或乐观情绪,未来宏观经济的恶化或改善将减少或增加石油需求,从而导致原油价格下降或上升;二是自2000年以后,石油市场的金融化程度日益加深,市场恐慌会导致投资者出于避险需求抛售石油资产,转而投资其他安全资产或做空石油,导致价格下跌,而市场趋于平静将促使投资者抛售其他安全资产,购买石油资产或做多石油,导致价格上升。

4.3.5.2 美元指数

2008年以前,美元指数一路下跌,导致国际原油价格一路攀升。美元指数下降主要是受到了欧元的冲击。2002年1月1日欧元正式流通后,市场对欧元国际地位的认可程度进一步提高,欧元对美元不断升值,除了私人投资者看多欧元之外,到2003年以后,很多中央银行也采取了大规模的外汇储备多样化策略,使用欧元来替代美元。欧元对美元虽然在2004~2005年出现短期贬值,但2008年金融危机之前欧元持续升值,欧元的国际地位也在不断提高。由于欧元在美元指数计算中的权重很大(57.6%),美元对欧元的趋势性贬值也带来了美元指数的趋势性下降。在此期间,国际上的投资者对美元总体看空,形成了长期向下的预期,直到金融危机的爆发。2008年金融危机爆发后,市场恐慌情绪的变动成为影响美元汇率与原油价格的关键因素。金融市场风险程度对美元与非美元汇率有显见的影响,在金融危机或金融市场风险较高的时期,美元作为"安全天堂"货币的特性和价值尤为显著。金融危机初期,由于金融市场波动和风险偏好下降,各种类型的投资者争相购买美元及美元资产,从而导致美元大幅升值。在2008年以后,美元指数与市场恐慌情绪的联系日益紧密。而经历过危机之后,投资者对市场的波动更加敏感,因此美元指数与国际原油价格波动的关系也更加紧密。所以,在金融危机之后,美元指数对国际原油价格波动的影响也就越大。

4.3.5.3 全球货币供应量

随着全球经济一体化的发展,一个国家的物价水平受发达国家经济活动和大宗商品价格波动的影响较大。随着资本市场及其衍生市场的快速发展,货币供应对大宗商品的价格产生重要的影响。全球的货币供应不仅要满足现货交易的需求,同时也要满足资产和大宗商品的交易需求。如果货币供应过多、流动性过剩,则可能导致商品市场发生货币过剩或者资本市场货币过剩,甚至两个市场货币都过剩。商品市场货币过剩会导致通货膨胀,资本市场货币过剩会导致包括石油在内的大宗商品价格上涨。如果货币供应量减少,会使投资于资本市场和商品市场的货币结构发生变化。当实体经济前景良好,使得资金投入增多时,则包括石油等大宗商品的资本市场的资金减少;当实体经济过热或投资条件变差时,资金比较容易流入资本市场。这种货币资金流向的结构性变化也会影响包括国际石油在内的大宗商品价格的波动。货币供应量的变化会直接影响全球经济的发展,全球经济发展制约着对国际石油的需求,通过需求影响石油的价格。2008年金融危机后,发达国家如美国通过量化宽松政策向市场释放了大量的流动性,影响了国际原油价格的波动。

第 5 章　全球石油价格波动中的中国金融市场因素作用

随着中国经济对大宗商品需求的不断上升,中国已经成为石油最主要的进口国和消费国,2015 年中国石油消费量占全球的 12.58%,超越美国成为世界上最大的石油进口国,大量的进口需求使我国在全球石油市场乃至大宗商品市场定价中扮演着越来越重要的角色。2003 年之后,全球石油及大宗商品价格出现大幅波动,一些媒体和研究者将这种波动原因指向"中国因素",认为中国需求变动是石油价格变化的重要原因。与此同时,石油定价越来越依赖期货市场,能源市场的金融化程度不断增强,石油价格不仅受实际供求影响,同时也受到全球金融市场波动的影响,包括对冲基金、国际投行等投资者甚至投机者的投资决策都对石油价格走势具有重要作用。Masters(2008)认为,大宗商品期货市场的发展便利了游资和对冲基金的投机,在投机资金的不断冲击下,经济基本面对石油价格的影响日益降低。Tang 和 Xiong(2012)进一步指出,自 2004 年来,这一趋势不断强化。因此,很多投资者和研究者开始认识到新兴经济体尤其是中国金融市场波动对石油价格的影响。如 2015 年中国发生"股灾"后,股票市场指数暴跌,人民币对美元贬值,人民币汇率贬值预期强化,对中国经济前景的悲观判断弥漫市场,与此同时,国际原油价格也出现大幅下跌。在这种背景下,深入研究中国金融市场对石油价格的影响机制及程度,不仅有助于加深对石油价格波动中金融市场因素的理解,对于石油价格波动中的"中国因素",特别是中国金融市场因素的作用的理解也有直接的帮助,同时也对大宗商品交易行为具有一定的实践指导意义。

5.1 中国金融市场因素的影响机制

5.1.1 "实际需求"影响机制

5.1.1.1 "宏观经济变动"渠道

中国是世界石油的主要消费国,中国宏观经济的变动直接影响了原油的需求。Baum 等(2015)指出中国经济状态影响石油以及大宗商品的市场需求,比如真实 GDP 增长率、PMI 指数、工业增加值、进出口规模、新增人民币贷款、外汇储备和货币供应量等低于预期,都会打击投资者对石油期货市场和股票市场的信心。而且中国宏观经济基本面的变化又会通过工业生产、消费活动和投资活动等一系列变量传导至包括股票市场和外汇市场在内的金融市场,这也为分析中国通过金融市场因素影响全球大宗商品市场奠定了基础。

5.1.1.2 "宏观新闻"影响预期和市场情绪渠道

当市场上有重大经济新闻时,中国金融市场会通过两种方式作用于国际石油市场。第一,发布日的两者变动都是由中国宏观数据或宏观政策所驱动,因此国内金融市场的影响在某种程度上反映了中国宏观数据或宏观政策的影响。国内宏观数据或宏观政策(货币政策、财政政策)超过或低于预期,不但会给国内金融市场带来直接波动,同时也直接显示了对石油实际需求能力的变化,从而带来价格上涨或下跌。第二,非发布日的国内金融市场波动在某种程度上反映了中国宏观经济和政策的预期,作为经济的"晴雨表",金融市场波动具有提前反映的功能,因此,国内股票市场或人民币汇率上涨反映了未来经济向好或者国家宽松政策的实施,体现了未来中国的石油需求预期,从而影响价格。

5.1.2 "投机需求"影响机制

5.1.2.1 金融市场信息传递渠道

大量研究(Ehrmann et al.,2011;Diebold,Yilmaz,2012)发现,美国金融市场波动具有全球性的外溢效应,其股票市场波动不但会对欧洲、日本、澳大利亚、加拿大等贸易、金融联系紧密的发达国家市场产生信息外溢,对亚洲、非洲以及东欧等金融贸易联系较少的国家也会产生直接的影响。随着经济影响力不断提升及资本项目逐步放开,中国金融市场自身作为一个信息发源地,不但会影响国际大宗商品市场,并间接影响商品货币汇率,也会直接对其他国际金融市场产生信息外溢,形成一定的"跟随效应"。正如 Tsutsui 和 Hirayama(2005)所强调的,一个大国金融市场的波动会对其他国家投资者产生类似于"太阳黑子"的吸引力和注意力。近年来,市场投资者和一些研究者均发现,中国股票市场对其他经济体股票市场的影响在提高(Allen et al.,2013;Nishimura et al.,2015),人民币汇率波动对很多经济体尤其是新兴经济体货币的汇率产生明显的作用,人民币正在成为一些货币的"货币锚"。所以,对于出口国来说,中国金融市场波动即使不能直接传递到大宗商品市场上,也会通过影响相关国家的汇率等金融市场,间接作用于石油乃至大宗商品市场上。市场情绪会放大这种信息传递效应,如非宏观信息发布日的国内金融市场波动会对国际金融市场(包括决定石油价格的期货市场)的乐观或悲观情绪产生影响,这种现象在金融危机后表现得更加明显。2008年金融危机后国际原油的投资属性得到强化,更大程度上受到投资者情绪尤其是风险偏好情绪的影响。中国股票市场和外汇市场的波动特别是大幅波动会影响投资者对于全球金融市场的前景判断,并改变其风险偏好,通过原油的风险资产性质作用于其价格。这在2015年6月的股市暴跌和8月的人民币即期汇率的突然贬值后的一段时期内得到充分体现,中国经济发展前景受到了市场更多的质疑,国际金融市场波动性明显增加,市场恐慌情绪出现一定的上升。

为了更好地理解中国金融市场信息传递渠道的作用机制,本部分基于 Lin 等(1994)的"金融市场国际传递"模型,构建了中国金融市场影响国际石油期货市场的影响模型。

本书将国际石油市场中意料之外的收益解释成两个不相关的冲击：全球冲击和中国国内金融市场冲击。

$$e_t = w_t + \mu_t \tag{5.1}$$

$$W_t \mid \Omega(j) \sim N(0, g_t) \tag{5.2}$$

$$\mu_t \mid \Omega(j) \sim N(0, b_t) \tag{5.3}$$

$$j \in \{CNFM_t, WOIL_t\} \tag{5.4}$$

式中，$CNFM_t$ 和 $WOIL_t$ 分别表示国内金融市场和国际石油市场因素的影响，W_t 表示全球因素的影响，μ_t 表示中国金融市场因素的影响，都服从正态分布，g_t 和 b_t 分别表示 W_t 和 μ_t 的方差。

一个全球因素也许是国际基本面或者全球蔓延心理的一个冲击，一个国内因素也许是中国金融市场基本面或者当地市场情绪的一个冲击。此处的一个关键假设是投资者不能完全确定国际石油市场和中国金融市场的冲击，但是会尝试推测冲击，投资者被假定为知道收益产生过程的参数，国际石油市场上的投资者只会注意到综合冲击，而不会注意到个人组成部分。投资者可以使用一个卡尔曼滤波（Kalman filter）过程来抽取没有被观察到的中国金融市场的信息，卡尔曼滤波可以使得均方差最小化。根据 King 和 Wadhwani（1990）、Diebold 和 Nerlove（1990）以及 Harvey 等（1991）的研究，卡尔曼滤波过程可以为国际石油市场的投资者服务，根据预测之外的中国金融市场的价格波动来预测 W_t^*。

$$W_t^* = e_t \frac{g_t}{g_t + b_t} \tag{5.5}$$

其中，W_t^* 表示中国金融市场（包括股票市场、外汇市场）最后收盘价格的预期价值。国际石油价格的预期，同未预期到的中国金融市场的收益成正比，随着中国金融市场的信息越来越重要，在未预期到的收益中抽取的中国金融市场信息的比重就会增加。

$$g_t^* = g_t - \frac{g_t^2}{g_t + b_t} \tag{5.6}$$

其中，g_t^* 表示判断中国金融市场信息的方差的预期。因为中国金融市场的收盘价格一部分反映了自身市场因素及非中国的其他金融市场要素，所以使用中国金融市场的收盘价格来预测影响国际油价的额外信息可以减少不确定性，使得式(5.5)中的方差减小。当价格包含了更多的全球要素时，观察到的中国金融市场的收盘价格信息就会增加，预测国际石油市场的方差就会降低。

在一个有效的市场中,中国金融市场的因素 W_t^* 会影响国际石油市场晚间收益 HRN,而不会影响它的白天收益 HRD,因此国际石油市场晚间收益可以表示为

$$HRN_t = c_n + \alpha_n HRD_t + \mu W_t^* + b_n DM_t + \nu_t \qquad (5.7)$$

其中,DM_t 为影响国际石油价格的其他因素,将等式(5.5)带入等式(5.7),可得

$$HRN_t = c_n + \alpha_n HRD_t + \mu \frac{g_t}{g_t + b_t} e_t + b_n DM_t + \nu_t \qquad (5.8)$$

等式(5.8)强调了在国际传导过程中的冲击收益和易变性。

如果中国金融市场的影响被完全观察到,那么中国金融市场的因素就不会影响国际石油的晚间收益,但如果国际石油市场上投资者只观察到价格变化,那么任何中国市场上的情绪都会作用于国际石油市场。

假定 g_t 和 b_t 都遵循 GARCH 模型,则

$$g_t = w_g + a_g[(w_{t-1}^*)^2 + g_{t-1}^*] + \beta_g g_{t-1} + \gamma_g DM_t$$
$$b_t = w_b + a_b[(\mu_{t-1}^*)^2 + b_{t-1}^*] + \beta_b b_{t-1} + \gamma_b DM_t$$

μ_t^* 是在中国金融市场上收盘时所获信息的基础上的 μ_t 的条件估计,$\mu_t^* = e_t - w_t^*$。b_t^* 是 μ_t^* 条件方差估计值。这个过程与 Diebold 和 Nerlove(1990)使用的 ARCH 模型以及 King 等(1990)和 Harvey 等(1991)使用的特定要素模型类似,特别是,如果 w_t 和 μ_t 都符合正态分布的 GARCH 模型,且没有直接观察到 w_t 和 μ_t,则基于公开信息 $\Omega(j)$ 的 w_{t-1}^2 最佳估计量可以表示为下式:

$$E(w_{t-1}^2 | \Omega(j)) = (w_{t-1}^*)^2 + g_{t-1}^*$$

既然中国金融市场和国际大宗商品交易市场的开盘和收盘时间都是按照顺序的,那么我们可以将国外和国内可能的作用影响表示为 L,代表每个独立部分收益的总和。为了简化模型,我们可以假定中国金融市场的白天和晚间收益的冲击是不相关的,并且大宗商品交易市场收益的冲击对中国金融市场的收益没有溢出效应。

大宗商品交易市场的白天收益和中国金融市场的晚间收益的一般函数形式可以表示为下式:

$$\lg L = \sum_{t=1}^{T} [f(FRD_t | \Omega(i)) + f(HRN_t | \Omega(j))]$$
$$= T \lg(2\pi) - \frac{1}{2} \sum_{t=1}^{T} \left[\lg(g_t + b_t) + \frac{e_t^2}{g_t + b_t} + \lg k_t + \frac{\nu_t^2}{k_t} \right]$$

其中，$f(X|\Omega(i))$ 为变量 X 在信息集 $\Omega(i)$ 上的分布，$f(FRD_t|\Omega(i))$ 和 $f(HRN_t|\Omega(j))$ 均为正态分布，FRD 表示大宗商品交易市场的白天收益，HRN 表示中国金融市场的晚间收益。利用 Pagan(1980)及 Watson 和 Engle(1983)创立的评分算法来计算 $v_t、e_t、g_t$ 和 b_t，并计算 $\lg L$ 的最大值，从而预测大宗商品市场的白天和中国金融市场的晚间收益系统。

5.1.2.2 外汇市场预期渠道

中国金融市场因素对商品出口国汇率的影响，在人民币 NDF(Non-deliverable Forward)市场上表现得更突出，NDF 为人民币离岸市场上的无本金交割远期汇率。鉴于人民币汇率还未完全市场化，投资者广泛通过 NDF 市场判断汇率走势，由于金融市场具有信息传递功能和价格发现功能，市场参与者在商品出口国货币的外汇市场交易时，不仅关注人民币即期汇率的波动，还会根据 NDF 市场上对汇率的预期进行交易，因为汇率预期主要体现了市场尤其是国际市场对未来中国经济增长的预测，并通过上述的大宗商品市场渠道和信息传递渠道产生作用。另一种影响机制可能来自于国际投资者的资产组合选择，与中国股票市场与即期外汇市场不同，NDF 市场由于不受资本项目管制，大量国际投资者包括欧美银行、对冲基金等金融机构参与其中，这些投资者尤其是机构投资者采取多样化投资策略，同时也会投资其他外汇市场，当其对中国经济前景预期发生变化时，不但会调整 NDF 市场上的投资头寸和结构，也会同时调整大宗商品市场和商品出口国外汇市场上的投资头寸，从而产生一定的同步性。Liu 等(2012)在分析 2005~2011 年人民币 NDF 变动的影响因素时发现，工业增长、贸易顺差规模和 CPI 增速等宏观经济变量的超预期变化对一年期 NDF 汇率变动具有重要作用，由于这些宏观经济变量的超预期变动直接影响了市场对未来中国增长前景的判断，所以也会间接体现在汇率预期上。如图 5.1 所示，自 2008 年金融危机爆发后到 2012 年 8 月，4 年的时间内，NDF 汇率变动主要受到国际金融市场动荡程度(以 VIX 指数衡量)的影响，并表现为阶段性的贬值预期，显示市场投资者在金融动荡时代中对中国经济增长预期的阶段性变化。即使 2012 年 8 月后国际金融市场动荡程度缓和，人民币贬值预期也并未消失，反而受到中国经济增速下降、美元升值等因素影响，出现强化的趋势，这种贬值预期在 2015 年 6 月中国股票市场大跌和 8 月央行突然大幅下调人民币即期汇率后达到顶峰，金融市场上"做空中国"的消息层出不穷，对于中国经济增长前景和人民币汇率稳定表现出较强的怀疑态度。此时,市场投资者将低估中国的石油需求量,进而影响价格。

图 5.1 人民币汇率预期走势

人民币汇率预期根据 $e_t=(NDF_t-CNY_t)/CNY_t$ 计算得到,NDF_t 和 CNY_t 分别表示 t 日 NDF 市场和国内人民币即期外汇市场汇率水平,$e_t>0$ 表示贬值预期(1 年 NDF 和 CNY,CNY 为人民币在岸市场即期汇率)

5.2 变量选择和数据统计描述

5.2.1 变量选择及数据来源

本节选取 ICE 的布伦特原油期货交易价格为主要研究对象,由于布伦特原油和 WTI 原油价格走势高度一致,因此对象选择并无明显差异。考虑到期货交易中存在主力合约、非主力合约等合约期限问题,需要构建或使用连续合约价格指数,我们使用 Wind 资讯提供的连续合约期货收盘价作为原油价格的代理变量,从而解决合约期限问题。

参照相关研究,本节使用道琼斯工业指数、美元指数作为美国金融市场波动和全球影响因素的代理变量,即本文的控制变量。选取上证综指、人民币对

美元即期汇率、人民币汇率预期等变量反映中国金融市场波动,所有变量都采用收益率形式,即

$$r_{i,t} = \ln \frac{p_{i,t}}{p_{i,t-1}}$$

其中,$p_{i,t}$ 为第 i 变量价格。

需要特别指出的是,人民币汇率预期变量为

$$r_{\text{CNYexpect}} = r_{\text{NDF}} - r_{\text{CNY}} = D\ln \frac{NDF}{CNY}$$

式中,D 为差分算子。$r_{\text{CNY expect}}$ 反映人民币汇率预期的变化程度,$r_{\text{CNY expect}}$ 为正说明同第 $t-1$ 日相比,第 t 日人民币贬值预期得到强化[①]。所有数据均来源于 Wind 资讯。

5.2.2 数据统计描述

根据我国金融市场发展的实际情况,尤其是人民币外汇市场发展特征,本节样本期始于人民币第一次"汇改"的 2005 年 7 月 19 日,最后数据日为 2016 年 12 月 31 日。由于不同市场上节假日时间不一致以及在某些交易日无成交记录,因此,为保持数据配对,删除所有非配对数据。各变量基本统计指标见表 5.1。

表 5.1 各变量收益率基本统计状况

	人民币即期汇率	上证综指	道琼斯工业指数	美元指数	人民币汇率预期	RJ/CRB 指数	原油
均值	−9.18E−05	0.000425	0.000209	2.68E−05	3.41E−05	−0.000201	−5.51E−05
最大值	0.018496	0.090343	0.103259	0.058796	0.032243	0.057463	0.147017
最小值	−0.020823	−0.127636	−0.112698	−0.032521	−0.020446	−0.163114	−0.212958
标准差	0.001297	0.018527	0.012297	0.005564	0.002655	0.012675	0.022222

---

① 证明:大部分学者使用 $e_t = (NDF_t - CNY_t)/CNY_t$ 表示汇率预期,$e_t > 0$ 表示贬值预期,$e_t < 0$ 表示升值预期,则 $NDF_t = (1+e_t)CNY_t$,$r_{\text{NDF},t} - r_{\text{CNY},t} > 0$,意味着 $\text{Dlg}(NDF/CNY) = \lg(NDF_t/CNY_t) - \lg(NDF_{t-1}/CNY_{t-1}) = \lg[(1+e_t)/(1+e_{t-1})] > 0$,即 $(1+e_t)/(1+e_{t-1}) > 1 \Leftrightarrow e_t > e_{t-1}$。

续表

	人民币即期汇率	上证综指	道琼斯工业指数	美元指数	人民币汇率预期	RJ/CRB指数	原油
偏度	−0.365726	−0.639209	−0.370233	0.333479	0.980073	−1.025936	−0.270167
峰度	50.83205	7.259958	14.26902	9.850967	23.23195	16.20497	9.322983
JB值	237711.7	2054.814	13248.12	4921.657	42918.43	18550.14	4183.262
P值	0.000000	0.000000	0.000000	0.000000	0.000000	0.000000	0.000000
观测值	2643	2643	2643	2643	2643	2643	2643

表5.2显示了国际原油收益率和道琼斯工业指数、美元指数、上证综指、人民币即期汇率、人民币汇率预期等各解释变量收益率之间的相关系数，原油价格与美国和中国股票市场成正相关，与美元指数、人民币汇率和汇率预期成负相关，而且相关系数较高，均在1%置信水平上显著。从各解释变量间的相关性来看，道琼斯工业指数与美元指数成负相关，人民币即期汇率与美元指数成正相关，人民币汇率预期与道琼斯工业指数、上证综指成负相关，与美元指数成正相关，上证综指与道琼斯工业指数、美元指数的相关系数虽然显著，但值较低，其他变量间相关系数较低且不显著。

表5.2 国际原油收益率与各解释变量间的相关性

	国际原油	道琼斯工业指数	美元指数	上证综指	人民币即期汇率	人民币汇率预期
国际原油	1.00					
道琼斯工业指数	0.34(0.00)	1.00				
美元指数	−0.31(0.00)	−0.27(0.00)	1.00			
上证综指	0.10(0.00)	0.09(0.00)	−0.05(0.01)	1.00		
人民币即期汇率	−0.07(0.00)	−0.03(0.42)	0.08(0.00)	−0.03(0.09)	1.00	
人民币汇率预期	−0.24(0.00)	−0.26(0.00)	0.34(0.00)	−0.16(0.00)	−0.02(0.25)	1.00

注：括号里的数值为相关系数显著性概率。

5.3 计量方法与模型设定

5.3.1 计量模型设定

本节使用基于 t 分布的 AR(1)-GARCH 模型来研究中国金融市场波动对大宗商品价格的影响,依据前文的理论分析,具体模型设置如下:

均值方程:
$$r_{i,t} = \alpha + \beta r_{i,t-1} + \delta r_{\text{DJI},t} + \phi r_{\text{USDX},t} + \eta r_{\text{CNY},t} + \lambda r_{\text{SHCI},t} + \theta r_{\text{CNYexpect}} + \varepsilon_{i,t} \tag{5.9}$$

方差方程:
$$\sigma_t^2 = \omega + \psi \mu_{t-1}^2 + \varphi \sigma_{t-1}^2 \tag{5.10}$$

式中,$r_{i,t}$ 为国际原油收益率,$r_{\text{DJI},t}$、$r_{\text{USDX},t}$、$r_{\text{CNY},t}$ 和 $r_{\text{SHCI},t}$ 分别为道琼斯工业指数、美元指数、人民币即期名义汇率和上证综合指数的收益率,$r_{\text{CNYexpect}}$ 为人民币汇率预期。δ、ϕ 分别反映美国股票市场、美元总体汇率的影响,体现全球因素的作用,η、λ 和 θ 分别反映中国股票市场、人民币即期外汇市场和 NDF 市场预期的影响。根据相应的理论分析,预期 δ、η 的符号为负,ϕ、λ 和 θ 的符号为正。

从 2005 年 7 月第一次"汇改"以来,人民币汇率波动总体上可以分为三个时期:阶段一(2005/07/20~2008/09/14),从第一次"汇改"到金融危机爆发,该阶段内人民币对美元汇率稳步升值,同时金融危机尚未爆发,原油价格呈现上升趋势;阶段二(2008/09/15~2010/06/20),从金融危机爆发到第二次"汇改",该阶段内人民币基本上再次盯住美元,同时全球金融市场陷入大幅动荡,原油价格剧烈波动;阶段三(2010/06/21~2016/12/31),从第二次"汇改"开始,人民币对美元波动性明显加大,虽然和阶段二相比,全球金融市场波动有所下降,但受到欧洲债务危机等因素影响,金融市场仍不平静,其中,2015 年原油价格出现剧烈下跌。因此,在回归分析中,我们也将样本期分为三个阶段,其中,阶段二内人民币重新盯住美元于 6.82~6.83 的水平上,因此该期间模型的均值方程为

$$r_{i,t} = \alpha + \beta r_{i,t-1} + \delta r_{DJI,t} + \phi r_{USDX,t} + \lambda r_{SHCI,t} + \theta r_{CNYexpect} + \varepsilon_{i,t} \quad (5.11)$$

5.3.2 内生性问题

根据上文的理论分析和表 5.2 的相关系数,美元指数和人民币汇率预期是中国和美国金融市场影响国际原油价格的中间变量,因此,变量间存在明显的内生性问题,需要在计量分析过程中解决。首先是美元指数与美国股市间的内生性。2008 年 8 月全球金融危机爆发后,全球金融市场陷入极度恐慌之中,全球股票市场急剧下跌,受避险情绪的影响,美元指数开始上升,随着各国政府和中央银行开始采取各种救市措施,市场情绪逐渐趋于稳定,但受到欧洲债务危机影响,全球市场情绪不断变动,美国股票市场和美元指数也呈现相应波动,并呈现出阶段性的负向关系。图 5.2 显示了美国 VIX 指数(被广泛用于衡量美国及全球金融市场波动的指数)与美元指数、道琼斯指数之间的关系,可以看出,从金融危机爆发到 2012 年,美元指数和 VIX 指数成正相关,而道琼斯工业指数与 VIX 指数成负相关,导致道琼斯工业指数和美元指数负相关,McCauley 和 McGuire(2009)等指出,金融危机期间金融市场波动和风险偏好下降,导致各种类型的投资者购买美元及美元资产(尤其是美国国债),从而导致美元大幅升值。

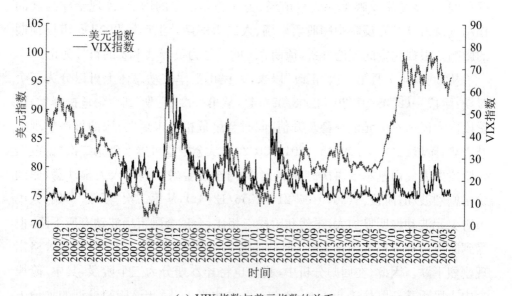

(a) VIX 指数与美元指数的关系

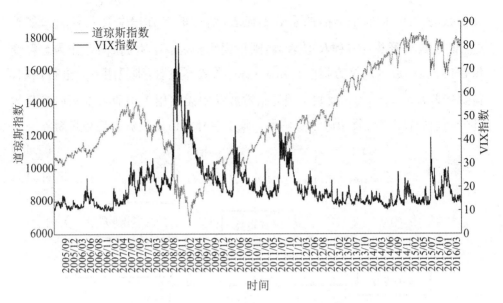

(b) VIX 指数与道琼斯指数的关系

图 5.2　VIX 指数与美元指数、道琼斯指数的关系

其次是汇率预期变化与中美股市和美元指数的内生性。金融危机后，NDF 汇率和人民币汇率预期受到金融市场动荡的影响，而国际金融市场动荡与美国股票市场和美元指数有着密切的联系。Liu 和 Pauwels（2012）发现 NDF 收益率受到 CPI、工业增长、贸易余额和 M2 等宏观经济变量超预期程度的影响，这种超预期程度同样对中国股票市场产生影响。即使在非宏观数据发布日，股票市场变动也反映了投资者对于宏观经济前景和金融市场波动性的判断，从而对 NDF 市场上人民币的预期产生作用。此外，在美元指数上升时期，受到全球其他货币对美元下跌的影响，人民币贬值压力和预期相对较大，这在 2014 年美元指数大涨时期表现得最为明显。石油价格波动中影响变量及影响机制如图 5.3 所示。

为了解决这种内生性，我们借鉴 Balasubramaniam 等（2011）及 Fratzscher 和 Mehl（2014）在研究东亚货币篮子成分时的方法①，即两步回归法。首先对美

---

① 利用 Frankel-Wei（1994）的回归方法研究东亚货币篮子中人民币份额时，两篇文章均发现人民币对瑞士法郎（第三方货币）的汇率 $\Delta\lg\frac{RMB}{CHF}$ 与美元对瑞士法郎的汇率 $\Delta\lg\frac{USD}{CHF}$ 之间存在严重的内生性问题，为了解决该问题，论文首先利用回归方程 $\Delta\lg\frac{RMB}{CHF}=\theta_0+\theta_1\Delta\lg\frac{USD}{CHF}$，然后获得估计残差 $\hat{\varepsilon}$，即 $\hat{\varepsilon}=\Delta\lg\frac{RMB}{CHF}-\left(\hat{\theta}_0+\hat{\theta}_1\Delta\lg\frac{USD}{CHF}\right)$，最终将 $\hat{\varepsilon}$ 带入方程，得到 $\Delta\lg\frac{X}{CHF}=\beta_0+\beta_1\Delta\lg\frac{USD}{CHF}+\beta_2\Delta\lg\frac{EURO}{CHF}+\beta_3\Delta\lg\frac{JPY}{CHF}+\beta_4\Delta\lg\frac{GBP}{CHF}+\beta_4\hat{\varepsilon}$。

元指数进行回归,如果 $r_{\text{DJI},t}$ 的系数不显著,则在最终方程中放入 $r_{\text{USDX},t}$;如果 $r_{\text{DJI},t}$ 的系数显著并且方程 R^2 值较高,则得到残差 $\tilde{\omega}_{\text{USDX},t}$,并将 $\tilde{\omega}_{\text{USDX},t}$ 作为解释变量替代 $r_{\text{USDX},t}$ 放入最终方程中。如果 $r_{\text{SHCI},t}$ 系数不显著,则只用 $r_{\text{DJI},t}$ 进行回归,得到残差 $\tilde{\omega}_{\text{USDX},t}$。$\tilde{\omega}_{\text{USDX},t}$ 反映了美元指数波动中无法用美国股市变动所解释的部分,包括各国央行货币政策步调不一致以及外汇市场投资者趋势判断等。

$$r_{\text{USDX},t} = \alpha_0 + \beta_0 r_{\text{USDX},t-1} + a r_{\text{DJI},t} + \varepsilon_t \tag{5.12}$$

$$\tilde{\omega}_{\text{USDX},t} = r_{\text{USDX},t} - (\alpha_0' + \beta_0' r_{\text{USDX},t-1} + a' r_{\text{DJI},t}) \tag{5.13}$$

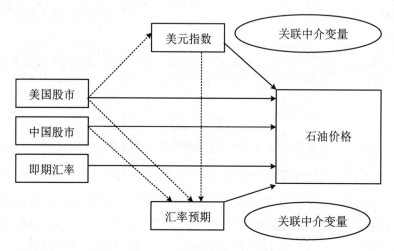

图 5.3　石油价格波动中的影响变量及影响机制

类似的,对人民币汇率预期也采取两步回归法,利用 $r_{\text{DJI},t}$、$r_{\text{SHCI},t}$ 和 $r_{\text{USDX},t}$(或 $\tilde{\omega}_{\text{USDX},t}$)对 $r_{\text{CNYexpect},t}$ 进行回归,得到残差 $\tilde{\omega}_{\text{CNYexpect},t}$,将 $\tilde{\omega}_{\text{CNYexpect},t}$ 作为解释变量替代 $r_{\text{CNYexpect},t}$ 放入最终方程中。此时,$\tilde{\omega}_{\text{CNYexpect},t}$ 反映了人民币汇率预期中无法用国际金融市场和国内股票市场变动解释的部分,如中国股票市场未反映的中国经济基本面预期、投资者对人民币汇率的趋势性判断等。

$$r_{\text{CNYexpect},t} = \alpha_1 + \beta_1 r_{\text{CNYexpect},t-1} + h r_{\text{DJI},t} + j r_{\text{SHCI},t} + k \tilde{\omega}_{\text{USDX},t} + \varepsilon_t \tag{5.14}$$

$$\tilde{\omega}_{\text{CNYexpect},t} = r_{\text{CNYexpect},t} - (\alpha_1' + \beta_1' r_{\text{CNYexpect},t-1} + h' r_{\text{DJI},t} + j' r_{\text{SCHI},t} + k' \tilde{\omega}_{\text{USDX},t}) \tag{5.15}$$

因此,最终回归方程演化为

均值方程:

$$r_{i,t} = \alpha + \beta r_{i,t-1} + \delta r_{\text{DJI},t} + \phi \tilde{\omega}_{\text{USDX},t} + \eta r_{\text{CNY},t} + \lambda r_{\text{SHCI},t} + \theta \tilde{\omega}_{\text{CNYexpect},t} + \varepsilon_{i,t}$$

方差方程:

$$\sigma_t^2 = \omega + \psi\mu_{t-1}^2 + \varphi\sigma_{t-1}^2$$

5.4 实证结果

5.4.1 内生性问题的实证结果

表 5.3 显示了依据式(5.12)得到的美元指数回归结果,三个阶段内,以道琼斯工业指数为代表的美国股市系数较为显著,但在阶段一内,系数 a 值较小,并且方程的显著性很差,说明该阶段内美国股市波动对美元指数的解释力很弱,而在阶段二内,无论是 a 值还是方程的 $A\text{-}R^2$ 值均很高,该阶段美国股市波动与美元指数的相关性极高,内生性问题严重。同阶段二相比,虽然阶段三内 a 值和方程的 $A\text{-}R^2$ 值均有所下降,但仍显示美国股票市场和美元指数间具有较强的相关性,美国股市波动仍能在一定程度上解释美元指数的变化,内生性问题仍然存在,这和图 5.3 的分析是一致的,因此在接下来的回归方程中需要利用残差项替代美元指数来缓解内生性问题。

表 5.3　各阶段美元指数回归结果

	2005/07/20~ 2008/09/14	2008/09/15~ 2010/06/19	2010/06/20~ 2016/12/31
均值方程			
滞后项(β_0)	−0.031	−0.001	−0.014
美国股市(a)	0.039***	−0.201***	−0.121***
方差方程			
残差项(ψ)	0.024**	0.023	0.031***
GARCH 项(φ)	0.973***	0.961***	0.965***
$A\text{-}R^2$	0.008	0.214	0.057
对数似然函数值	2916.94	1462.05	5367.99
观测值	728	402	1513

注:*、** 和 *** 分别表示在 10%、5% 和 1% 置信水平上显著。

表 5.4 显示了根据式(5.14)和式(5.15)对人民币汇率预期的实证结果，2008 年金融危机前，人民币汇率预期变化中仅美元指数系数是显著的，但整体方程的 $A\text{-}R^2$ 值极低，说明该阶段影响人民币汇率预期的主要因素与金融市场无关，这和张光平(2012)的研究结论是一致的，他认为该时期影响人民币预期(主要是升值预期)的主要因素是政治以及与政治相关的经济指标，如外汇储备、美国贸易赤字等。不过，金融危机后的阶段二和阶段三内，中国股市、美国股市和美元指数的系数均在 1‰置信水平上显著，并且方程的 $A\text{-}R^2$ 值较高，说明国际和国内金融市场波动对人民币汇率预期的变化产生了较大影响，因此，也需要在下面的回归方程中使用残差项替代人民币汇率预期来缓解内生性问题。具体来说，中国股市上涨将通过增强对中国经济及金融市场的信心等渠道，强化当日人民币升值预期(或缓解人民币贬值预期)，典型事件是 2015 年 8 月中国股市暴跌后，形成了股市汇市的共振效应，"看空中国"乃至"做空中国"的情绪不断蔓延，人民币贬值预期明显增强，而在国家对股票市场进行救助后，股市出现了阶段性反弹，人民币贬值预期也得到了明显缓解。美元指数(残差)系数为正，意味着美元汇率的总体上升将强化人民币对美元贬值预期，这说明美元指数虽然只反映美元对欧元、日元等 6 种货币的汇率，但其具有很强的风向标作用，人民币汇率尤其是海外的 NDF 汇率具有跟随美元汇率的特点。美国股市上涨一方面通过提振全球市场风险偏好(降低 VIX 指数)直接对美元指数和 NDF 市场汇率产生影响，另一方面，美股上涨也会对中国股市以及金融市场产生乐观带动效应，从而缓解人民币贬值预期或强化升值预期。

表 5.4 各阶段人民币汇率预期回归结果

	2005/07/20～2008/09/14	2008/09/15～2010/06/19	2010/06/20～2016/12/31
均值方程			
滞后项	−0.042	0.008	−0.114***
美国股市	0.009	−0.048***	−0.048***
中国股市	−0.005*	−0.015***	−0.010***
美元指数	0.046***		
美元指数残差		0.102***	0.100***
方差方程			
残差项	0.120***	0.086**	0.120***
GARCH 项	0.871***	0.888***	0.864***

续表

	2005/07/20～2008/09/14	2008/09/15～2010/06/19	2010/06/20～2016/12/31
$A\text{-}R^2$	0.018	0.231	0.156
对数似然函数值	3541.11	1833.30	6781.12
观测值	728	402	1513

注：*、** 和*** 分别表示在10%、5%和1%置信水平上显著。

5.4.2 最终回归结果及分析

表5.5显示了在控制美元指数和人民币汇率预期等变量内生性之后的国际原油收益率回归结果。在整个样本期内，美元指数（残差）对国际原油收益率的影响系数十分显著，并且均在0.39以上，阶段一和阶段二的系数达到1以上，表明美元指数上涨1%，将带来大宗商品价格下降超过0.4%，甚至超过1%，这符合国际大宗商品市场的美元标价事实，与Kaufmann和Ullman(2009)、Cifarelli和Paladino(2010)等的研究结果是一致的。

表5.5 国际石油收益率的回归结果

	阶段一	阶段二	阶段三
均值方程			
滞后项	−0.123***	0.002	−0.034
美元指数	−1.182***		
美元指数残差		−1.101***	−0.393***
美国股市	−0.069	0.880***	0.583***
中国股市	−0.012	0.101***	0.068***
人民币汇率	−0.186		−0.363**
汇率预期	−0.422**		
汇率预期残差		−0.559***	−0.396**
方差方程			
残差项	0.005	−0.020*	0.046***

续表

	阶段一	阶段二	阶段三
GARCH 项	0.994***	1.009***	0.951***
A-R^2	0.089	0.332	0.148
对数似然函数值	1883.53	969.24	3731.482
观测值	728	402	1513

注：*、**和***分别表示在10%、5%和1%置信水平上显著，回归方程为 $r_{i,t} = \alpha + \beta r_{i,t-1} + \delta r_{DJI,t} + \phi \widetilde{w}_{USDX,t} + \eta r_{CNY,t} + \lambda r_{SHCI,t} + \theta \widetilde{w}_{CNYexpect} + \varepsilon_{i,t}$, $\sigma_t^2 = \omega + \psi \mu_{t-1}^2 + \varphi \sigma_{t-1}^2$。

阶段一内，美国股票市场的影响不显著，而阶段二和阶段三内，美国股票市场的影响均显著，说明在阶段二和阶段三内美国股市上涨带动原油价格上升。从系数值来看，阶段二内美国股票市场的影响程度明显高于阶段三，而金融危机前系数很低且不显著，表明金融危机前国际原油市场交易者更多地关注原油自身的供给需求等行业因素特征，如尽管美国市场对石油的需求较大，但其在全球石油需求中并不占绝对主导地位，在市场情绪稳定的状态下，其价格变化对美股反映不足，更多受到供给如OPEC产量、地缘政治以及主要需求国的需求状况等因素影响。但受到2008年全球金融危机的冲击，一方面，交易者对全球金融市场整体波动的敏感程度在提高；另一方面，全球金融市场和宏观经济同步性明显增强，美国股市变化不仅反映了美国经济基本面变动，也反映了全球经济基本面的变化，美国股票市场作为全球金融市场的核心地位得到强化，美股波动带来全球市场风险偏好和美元指数变动，强化了原油作为国际大宗商品的风险资产属性，也更多反映了全球实际需求的调整，因此，其变化对大宗商品市场的影响力得到提升，对国际原油价格的影响能力也相应提升。其中，阶段二作为金融危机的关键期，其影响系数自然最高[①]。

本书重点关注中国金融市场波动对国际原油的影响，并将其与美国金融市场影响程度进行比较。从股票市场来看，阶段一内，中国股市对国际原油的影响不显著，这和美国股票市场系数类似，但在阶段二和阶段三内，中国股市的影响系数均显著为正，这表明2008年金融危机后，国际原油波动开始关注中国股市的变化，正如前文的机制分析所指出的，中国股市上涨或下跌一方面反映了对中国宏观经济及大宗商品需求的判断，另一方面，中国股市波动越来越具有

---

① 这和 Büyükşahin 和 Robe(2014)的研究结论是相似的。

国际意义，通过金融市场间的信息传递可影响全球市场包括大宗商品市场的市场情绪，如2015年的股灾事件导致了VIX指数的大幅波动。相对于阶段三，阶段二内中国股市的影响系数值更高，这可能是由于阶段二是金融危机的重点时期，不但经历了次贷危机，还经历了后来的第一次欧洲债务危机，全球市场动荡程度较高，以VIX衡量的市场情绪波动剧烈，中国股市上涨或下跌（包括其背后的宏观经济政策如四万亿政策、减税和家电、汽车等补贴政策等）对全球金融市场影响也明显高于其他时期，因此，中国股市影响的系数值也较高。不过，与美国股票市场相比，阶段二和阶段三内中国股市的系数值明显较低，反映出中国股票市场在影响力上仍和美国有较大差距。

从人民币即期汇率来看，阶段一内对国际原油的影响不显著，但阶段三内影响则十分显著。这主要是因为，随着中国在全球石油消费中比重的增加，实际需求因素不断强化，同时，与阶段一相比，阶段三内人民币即期外汇市场波动性明显增加，其波动更多地体现出市场对中国宏观经济的反映和预期，这对国际原油乃至大宗商品市场需求产生影响，从而导致即期外汇市场的影响力增强。从人民币汇率预期来看，阶段一内国际原油价格受到人民币预期变化的影响，人民币升值预期强化或贬值预期弱化带动原油价格上涨，反之促使原油价格下跌。阶段二和阶段三内的汇率预期系数值也十分显著，并且阶段二内的系数值相对更高。

一个非常有趣的现象是阶段一内人民币汇率预期的大宗商品价格的影响是显著的，而即期汇率的影响并不显著，即使在阶段三，两个变量的系数值相差也不是很大，那为什么会产生这种现象呢？这与人民币外汇市场的特点有很大关系。由于2005年"第一次汇改"之后，人民币对美元呈现稳步升值态势，升值的步伐和节奏具有明显的规律性，市场参与者认为这种即期汇率走势并不能反映人民币的市场需求，因此很多投资者利用NDF市场来判断未来人民币的走势，由于NDF市场不受管制，因此其主要反映了投资者尤其是国际投资者的预期，这种预期虽然受到中美贸易摩擦等政治因素影响，但也反映了投资者对中国宏观经济的判断(Liu, Pauwels, 2012)，因此对大宗商品市场（包括国际原油市场）产生影响。在"第二次汇改"之后的阶段三内，人民币即期汇率的波动性明显增加，单边升值态势发生了很大改变，2013年之后出现了阶段性的贬值，很多分析指出这种贬值与中国经济从高速增长走向中高速增长的"新常态"有很大关系，反映了中国宏观经济的实际变化和市场的未来判断，因此，人民币即期汇率变化对国际原油价格产生影响,但人民币汇率制度依然是一个有管理的浮动汇率制度,资本项目管制等依然存在,因此投资者除了关注即期外汇市场,同时依然关注NDF市场,两个市场共同反映了市场对中国宏观经济及政策的判断和预期,因而都对国际原油市场产生显著影响,在影响程度上并没有明显差异。

5.4.3 动态特征及讨论

上述GARCH模型回归虽然能分析国际原油变化中的国际及中国金融市场因素的作用,但其系数只能反映某个时期内金融市场对收益率的整体效应,无法反映金融市场作用的波动趋势。根据前面的分析,整个样本期间,尤其是2008年金融危机后,无论是国际原油市场还是国际及中国股票、外汇市场都处于不断波动之中,如2008年金融危机、欧洲债务危机、中国的两次汇率改革、中国2015年股灾及汇率闯关,都会冲击当时的全球商品及国际原油市场,也会在一定程度上改变金融市场对商品市场的影响方式及程度,影响系数也会呈现明显的波动。因此,为了更好地探究国际原油价格波动中的金融市场因素的作用,接下来将采用滚动回归方式,判断各因素在不同时间点上的系数变化。

由于阶段二内人民币对美元汇率几乎完全盯住,而阶段一和阶段三内变动较多,直接对方程进行滚动回归并不现实,因此构建新的人民币NDF汇率收益率 r_{NDF}:

$$r_{NDF} = r_{CNY} + r_{CNYexpect}$$

即人民币NDF汇率收益率等于即期汇率收益率加汇率预期。与前面类似,考虑到变量间的内生性,同样对美元指数和NDF汇率进行回归,获取其残差序列,具体的回归方程变为

$$r_{i,t} = \alpha + \beta r_{i,t-1} + \delta r_{DJI,t} + \phi \tilde{\omega}_{USDX,t} + \eta r_{CNY,t} + \lambda r_{SHCI,t} + \theta \tilde{\omega}_{NDF,t} + \varepsilon_{i,t} \tag{5.16}$$

$$\sigma_t^2 = \omega + \psi \mu_{t-1}^2 + \varphi \sigma_{t-1}^2 \tag{5.17}$$

式中,$\tilde{\omega}_{USDX,t}$ 和 $\tilde{\omega}_{NDF,t}$ 分别为 $r_{USDX,t}$ 和 $r_{NDF,t}$ 的残差序列,尽管阶段一内美元指数和NDF汇率内生性问题不显著,但通过阶段二的方式获得的残差项序列、美元指数和NDF汇率的原始收益率序列间存在极高的相关性,因此替代原始序列是合理的。

滚动回归需要设置窗口期和滚动宽度,本文设定每500天为一个窗口期,

依次向后滚动1天。图5.4反映了根据式(5.16)得到的各商品货币收益率影响系数的滚动回归结果,从而反映了国际及中国金融市场因素对国际原油收益率影响能力的动态变化情况。

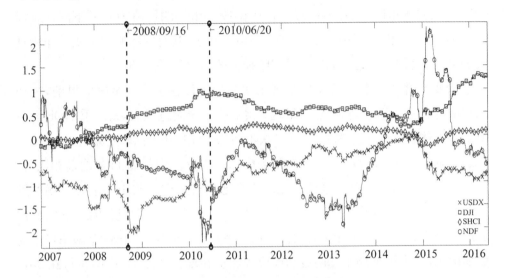

图5.4　国际原油收益率的滚动回归结果

在控制了变量的内生性问题后,可以发现2007年8月之前,美国股票市场的系数值较低,但之后影响系数明显增强,2008年金融危机爆发后,虽然出现一定的阶段性变化,但总体保持在较高的水平上。之所以是2007年8月而不是2008年9月金融危机正式爆发导致美国股票市场的系数值大幅增强,主要是因为次贷危机在2007年年中已经开始爆发,尤其是2007年8月美国住房抵押贷款投资公司申请破产以及贝尔斯登和巴黎银行宣布旗下基金倒闭,市场已经开始注意到次级贷款市场的巨大风险,恐慌情绪开始笼罩市场,虽然在美国政府救助下,市场情绪得到暂时平复,国际原油价格继续上行,但投资者开始更多地将美国股票市场和大宗商品(包括原油)价格变化联系在一起,导致美国股票市场的影响力增强。2011年之后,美国股票市场的系数总体下行,直到2015年再次出现上升。

与美国股票市场类似,美元指数系数的绝对值在2007年8月后持续上升,2008年金融危机爆发后达到最大值,之后出现长期缓慢下行趋势,直到2015年再次出现上升,说明随着危机前金融市场风险的不断加剧,市场同样将美元指数与原油市场联系在一起。而金融危机爆发后,美元指数作用的总体下行反映了美元指数与美国股票市场的内生性特征,即美国股票市场波动部分解释了美元指数的波动,因此降低了美元指数的解释力。

中国股票市场虽然总体上比较稳定,但2007年8月尤其是2008年9月后出现了一定的上升趋势,说明金融危机后中国股票市场的影响力开始加强,但2011年后出现下降,意味着阶段三内中国股票市场的影响力有所下降。总体上,与美国股市相比,中国股票市场的系数值较小,其对国际原油价格的作用远低于美国股票市场,这和AR-GARCH模型的结果是一致的。

NDF汇率的系数值变化则呈现出明显的阶段性特点。金融危机前,NDF系数围绕着零上下波动,但总体呈现下降趋势。金融危机后,人民币NDF系数值走势大体经历了三个阶段:"第二次汇改"前的上升—比较稳定—2014年之后的下降,其中2015年7月、8月出现了一定的反弹,但与2014年之前相比,在系数值上仍有较大差距。这种变化既与金融危机后国际与中国金融市场的发展阶段特点有关,同样还与金融危机后,国际金融市场动荡程度明显增强、原油的风险资产属性进一步强化有关。人民币NDF系数不仅对国际金融市场波动更加敏感,对中国金融市场的波动反应程度也在增强,尤其是中国央行在2010年6月"第二次汇改"的决定,人民币对美元即期汇率从金融危机爆发后的事实固定汇率再次转向市场化波动,NDF汇率不仅体现了汇率预期的变化,还体现了人民币即期汇率的变动,导致市场对人民币NDF汇率波动及背后的宏观因素变化更为重视,带来NDF系数的大幅上升,并一直保持到2013年年中。在经历了2008年次贷危机、2010年第一次欧洲债务危机和2012年第二次欧洲债务危机后,全球市场情绪基本趋于稳定,尽管后来以VIX为代表的全球金融市场情绪仍然不定期发生波动,但市场很快平复,并没有产生持久、剧烈的市场避险情绪波动(图5.5),这也导致国际原油价格对人民币NDF市场变化敏感度下降。此外,2014年石油价格大跌,虽然此次石油价格下跌的原因中包括中国需求下降的因素,但更多的是在于供给及国际政治因素,在原油价格快速下跌的同时,人民币NDF汇率并没有发生大幅波动,因此也带来NDF系数值的下降。而2015年8月之前出现的反弹则直接与中国股灾以及8月14日和8月15日人民币汇率"闯关"带来的人民币(包括即期汇率和NDF汇率)大幅贬值有关,市场上"看空中国"的情绪弥漫,并导致了VIX指数的短期内大幅上升,由于中国在大宗商品进口中的关键地位,市场将其对中国的悲观预期(及由此带来的NDF汇率波动)和原油甚至整个大宗商品价格联系起来,导致NDF汇率系数出现一定的反弹,但在中国政府"救市"和稳定汇率制度后,市场情绪逐渐趋于平静,外汇市场参与者对中国金融市场波动的关注度也趋于稳定甚至下降。

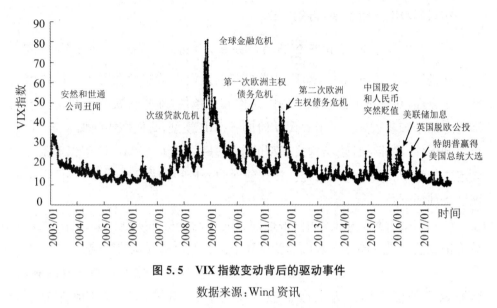

图 5.5　VIX 指数变动背后的驱动事件

数据来源:Wind 资讯

5.5　脉冲响应分析

与第 4 章相似,本节考虑建立多元 SVAR 模型,一方面能够进一步研究变量间的关系,另一方面又能够克服传统 VAR 模型难以反映各变量间逻辑关系的缺点,具体模型为

$$AY_t = \omega + \sum_{i=1}^{j} B_i Y_{t-i} + \varepsilon_t \tag{5.18}$$

对于国际原油收益率来说,根据前文回归结果,设定为

$$Y_{i,t} = \begin{bmatrix} r_{i,t} \\ r_{\text{DJI},t} \\ r_{\text{USDX},t} \\ r_{\text{SHCI},t} \\ r_{\text{CNY},t} \\ r_{\text{CNYexpect},t} \end{bmatrix}, \quad \varepsilon_t = \begin{bmatrix} \varepsilon_{i,t} \\ \varepsilon_{\text{DJI},t} \\ \varepsilon_{\text{USDX},t} \\ \varepsilon_{\text{SHCI},t} \\ \varepsilon_{\text{CNY},t} \\ \varepsilon_{\text{CNYexpect},t} \end{bmatrix} \tag{5.19}$$

并且 $\boldsymbol{\varepsilon}_t \sim VWN(0, I_6)$。

对式(5.18)进行变换,得到

$$Y_t = \boldsymbol{\alpha} + \sum_{i=1}^{j} \boldsymbol{B}_i^* Y_{t-i} + \boldsymbol{\mu}_t, \quad \boldsymbol{\mu}_t = \boldsymbol{A}^{-1}\boldsymbol{\varepsilon}_t \tag{5.20}$$

在进行 SVAR 模型估计时,最为重要的是设定结构参数可识别的约束条件。一方面,在计量上要求识别的阶条件和秩条件,即简化式的未知参数不比结构式的未知参数少。对于 k 元 p 阶的 SVAR 模型,我们需要施加 $k(k-1)/2$ 个限制条件,才能估计出结构式模型的参数;另一方面,SVAR 模型识别条件的设定要依赖于相关理论和研究。根据前面的分析和相关研究成果,我们设定的识别条件如下:

(1) $r_{i,t}$ 受所有变量的影响;根据前文的理论分析和实证回归结果,大宗商品价格收益率受到国际金融市场变量和中国金融市场因素的影响。

(2) $r_{\mathrm{DJI},t}$ 和 $r_{\mathrm{USDX},t}$ 不受其他因素波动的影响,但它们之间存在相互影响;美国股票和外汇市场作为全球金融市场的中心,其波动会对其他外围市场(satellite market)产生外溢效应,但外围市场对中心市场的影响力较弱(Ehrmann et al.,2011;Tsutsui, Hirayama,2005;Didier et al.,2010 等)。大量研究表明一国股票市场和外汇市场之间存在相互依赖关系,Dornbusch 和 Fischer(1980)、Branson(1993)、Frankel(1983)等从贸易收支、国际资本流动等角度在理论上探讨了股市和汇市间相互影响的具体机制。Ning(2010)、Michelis 和 Ning(2010)、Wang 等(2013)和 Reboredo 等(2016)等大量研究对两者关系进行了实证分析,总体来看,这两个市场间存在一定的相关性,但这种关系具有时间依赖性和状态依赖性。需要特别指出的是,2008 年 8 月全球金融危机爆发后,全球金融市场陷入极度恐慌之中,美国及全球股票市场急剧下跌,受避险情绪的影响,美元指数开始上升,随着各国政府和中央银行实施各种救市措施,市场情绪逐渐趋于稳定,但受到欧洲债务危机影响,全球市场情绪不断变动,美国股票市场和美元指数也呈现相应波动,并呈现出阶段性的负向关系。

(3) $r_{\mathrm{SHCI},t}$ 受 $r_{\mathrm{DJI},t}$ 影响。尽管部分研究认为,中美股市不存在长期均衡关系(陈守东等,2003;韩非,肖辉,2005),但这些研究样本相对较早,近期的一些实证研究显示,中国股市与国际股市之间的关联度有所上升,并存在美股对中国股市单向的溢出效应(张兵等,2010;李自然等,2011;王健,2014)。

(4) $r_{\mathrm{SHCI},t}$ 和 $r_{\mathrm{CNY},t}$ 相互影响。类似于美国股市和美元指数,中国股市与人

民币汇率之间也存在相互依赖关系,这也得到了一些实证研究的证明,如邓燊和杨朝军(2005)、张兵等(2008)、周虎群和李育林(2010)、曹广喜等(2014)均发现人民币汇率和股价间存在长期均衡关系。

(5) $r_{\mathrm{CNY},t}$、$r_{\mathrm{CNYexpect},t}$ 受 $r_{\mathrm{DJI},t}$、$r_{\mathrm{USDX},t}$、$r_{\mathrm{SHCI},t}$ 影响。2008年金融危机后,人民币即期汇率和NDF汇率受到金融市场动荡的重要影响,而国际金融市场动荡与美国股票市场和美元指数有着密切的联系。Liu 和 Pauwels(2012)发现NDF每日收益率受到CPI、工业增长、贸易余额和M2等宏观经济变量超预期程度的影响,这种超预期程度同样对中国股票市场产生影响。即使在非宏观数据发布日,股票市场变动也反映了投资者对于宏观经济前景和金融市场波动性的判断,从而对NDF市场上人民币的预期产生作用。此外,在美元指数上升时期,受到全球其他货币对美元下跌的影响,人民币贬值压力和贬值预期相对较大,对NDF汇率波动产生引导作用,这在2014年美元指数上升时期表现最为明显。

SVAR扰动项与结构冲击项的关系如下:

$$\boldsymbol{\mu}_t = \begin{pmatrix} \mu_{i,t} \\ \mu_{\mathrm{DJI},t} \\ \mu_{\mathrm{USDX},t} \\ \mu_{\mathrm{SHCI},t} \\ \mu_{\mathrm{CNY},t} \\ \mu_{\mathrm{CNYexpect},t} \end{pmatrix} = \begin{pmatrix} 1 & \alpha_{12} & \alpha_{13} & \alpha_{14} & \alpha_{15} & \alpha_{16} \\ 0 & 1 & \alpha_{23} & 0 & 0 & 0 \\ 0 & \alpha_{32} & 1 & 0 & 0 & 0 \\ 0 & \alpha_{42} & 0 & 1 & \alpha_{45} & 0 \\ 0 & 0 & \alpha_{53} & \alpha_{54} & 1 & 0 \\ 0 & \alpha_{62} & \alpha_{63} & \alpha_{63} & 0 & 1 \end{pmatrix} \begin{pmatrix} \varepsilon_{i,t} \\ \varepsilon_{\mathrm{DJI},t} \\ \varepsilon_{\mathrm{USDX},t} \\ \varepsilon_{\mathrm{SHCI},t} \\ \varepsilon_{\mathrm{CNY},t} \\ \varepsilon_{\mathrm{CNYexpect},t} \end{pmatrix} \quad (5.21)$$

由于阶段二内人民币对美元汇率基本稳定,因此根据前文分析,$r_{\mathrm{CNY},t}$ 并不出现在SVAR模型中,此时SVAR设定转变为

$$\boldsymbol{\mu}_t = \begin{pmatrix} \mu_{i,t} \\ \mu_{\mathrm{DJI},t} \\ \mu_{\mathrm{USDX},t} \\ \mu_{\mathrm{SHCI},t} \\ \mu_{\mathrm{CNYexpect},t} \end{pmatrix} = \begin{pmatrix} 1 & \beta_{12} & \beta_{13} & \beta_{14} & \beta_{15} \\ 0 & 1 & 0 & 0 & 0 \\ 0 & \beta_{32} & 1 & 0 & 0 \\ 0 & \beta_{42} & 0 & 1 & 0 \\ 0 & \beta_{52} & \beta_{53} & \beta_{54} & 1 \end{pmatrix} \begin{pmatrix} \varepsilon_{i,t} \\ \varepsilon_{\mathrm{DJI},t} \\ \varepsilon_{\mathrm{USDX},t} \\ \varepsilon_{\mathrm{SHCI},t} \\ \varepsilon_{\mathrm{CNYexpect},t} \end{pmatrix} \quad (5.22)$$

为了更好、更直观地反映中国金融市场波动对国际原油价格的影响,下面对国际原油价格收益率的脉冲响应函数和方差分解进行分析。

图5.6反映了大宗商品各品种的脉冲响应函数,给定一个标准差冲击,各金融市场因素的影响基本上只能维持1个交易日,反映金融市场上信息传递速

度很快，效应期限较短，图中的 shock1～shock6 分别为自身、美国股市、美元指数、中国股市、人民币即期汇率和人民币汇率预期的冲击，脉冲响应为原油价格收益率对结构化变量一个标准差变化的响应中国股市、人民币汇率及汇率预期变动的脉冲响应函数总体上符合预期，但与美国股市及美元指数相比，中国股市和外汇市场因素的脉冲响应程度明显偏低，尤其是外汇市场因素，说明中国金融市场因素的影响力与国际金融市场的影响力相比还有较大差距。

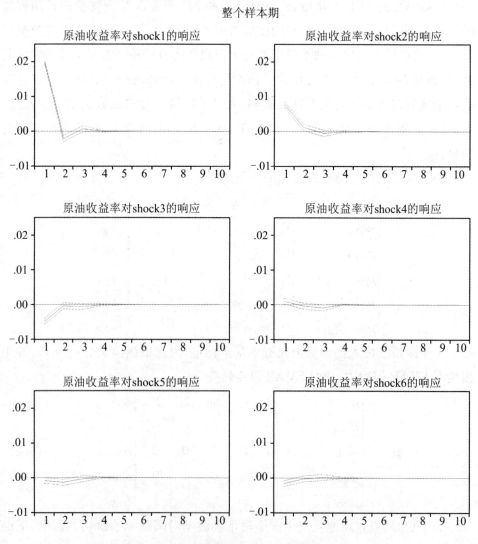

图 5.6　国际原油价格收益率的脉冲响应函数

阶段一

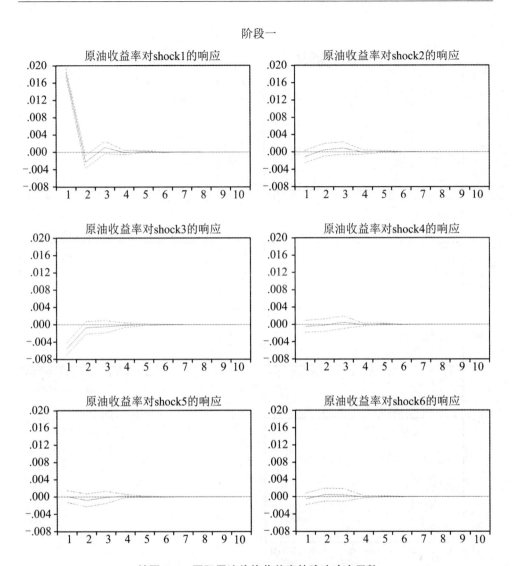

续图 5.6　国际原油价格收益率的脉冲响应函数

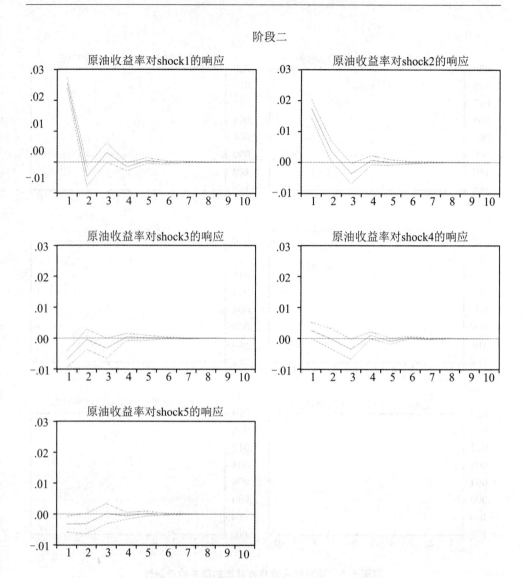

续图 5.6　国际原油价格收益率的脉冲响应函数

阶段三

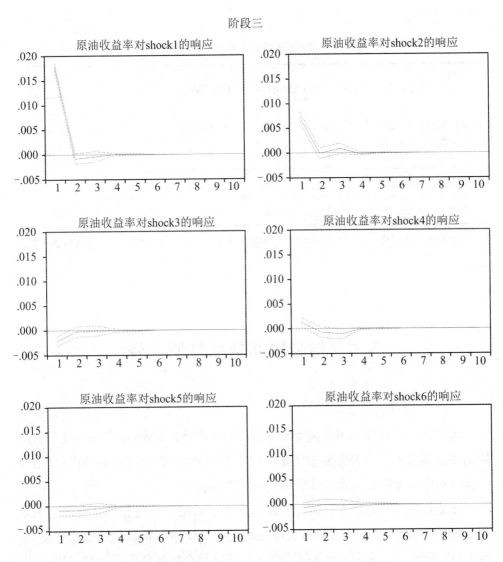

续图 5.6　国际原油价格收益率的脉冲响应函数

从表 5.6 的方差分解来看，除了阶段一，美国股市是除国际原油收益率自身之外解释力最强的因素，其次是美元指数，中国股市解释力相对较弱，人民币汇率预期变动及即期汇率的解释力则更低，这一方面凸显了中国金融市场影响因素的不足，另一方面也表明了中国金融市场因素中，股票市场作用最为明显，人民币外汇市场预期次之，即期汇率作用最低，国际原油市场上投资者对人民币外汇市场预期关注程度高于即期市场，这反映了人民币外汇市场的特点。SVAR 模型的结论和 AR-GARCH 模型的结论是一致的，说明实证结果是稳健的。

表 5.6　国际原油价格收益率的方差分解(%)

	自身	美国股市	美元指数	中国股市	人民币即期汇率	人民币汇率预期
整个样本期	81.289	12.218	4.990	0.412	0.532	0.559
阶段一	90.424	0.569	8.530	0.128	0.182	0.165
阶段二	61.603	29.416	5.202	1.895		1.883
阶段三	82.707	14.121	1.258	0.884	0.462	0.678

注：根据 SVAR 实证结果，脉冲响应函数在第 6 期趋于收敛，方差分解结果也选取第 6 期的数据。

5.6　与金属期货品种的比较

为了进一步研究中国金融市场对国际石油价格的影响，本部分将比较国际原油和金属品种受中国金融市场影响程度的差异，并探讨背后的原因，从而进一步探讨中国金融市场及国际石油市场的更多特征。

在数据和样本选择上，与石油类似，本文也采用对数差分形式获取金属期货品种的收益率，考虑到国际期货市场的交易规模和金属品种的重要程度，选取 LME 的铜、铝、铅、锌、镍和 NYMEX 的黄金等金属品种作为比较对象，在数据来源上使用 Wind 资讯所提供的连续合约期货收盘价作为大宗商品价格的代理变量，样本期限同样始于人民币"第一次汇改"的 2005 年 7 月 19 日，最后数据日为 2016 年 12 月 31 日。表 5.7 反映了一些金属品种的收益率基本统计状况。

在样本期阶段划分上，与国际原油一样，同样将样本期分为三个阶段，即阶段一（2005/07/20～2008/09/14）、阶段二（2008/09/15～2010/06/20）和阶段三（2010/06/21～2016/12/31）。在实证方法上，同样利用 GARCH 模型和 SVAR 模型进行实证研究，一方面有利于保持结果的可比性，另一方面，由于中国金融市场对国际石油和金属品种的影响途径和机制比较接近，内生性问题也基本类似，因此采取同样的实证方法在理论上也是合理的。

表 5.7 各金属品种收益率的基本统计状况

	铜	铝	锌	铅	镍	黄金
均值	0.000130	−6.26E−05	0.000197	0.000286	−0.000205	0.000425
最大值	0.118805	0.075421	0.103378	0.141152	0.156346	0.086250
最小值	−0.197641	−0.105583	−0.152654	−0.193792	−0.194971	−0.094678
标准差	0.019921	0.015208	0.021610	0.023296	0.024848	0.012956
偏度	−0.285414	−0.173513	−0.208674	−0.343135	−0.320417	−0.300619
峰度	10.33774	5.677115	6.405567	8.100679	8.042837	7.375312
JB 值	5626.732	756.9758	1222.823	2751.435	2684.221	2026.066
观测值	2493	2493	2493	2493	2493	2493

表 5.8 显示了各金属品种的三个阶段 GARCH 模型回归结果，可以看出，三个阶段内，美国股票市场对铜、铝、铅、锌、镍等基本金属的影响均显著且为正，美国股票市场对所有金属品种（除了黄金之外）的影响均显著，说明以美元指数和美国股市为代表的国际金融市场波动对石油和金属品种的价格波动均产生影响。本书重点关注中国金融市场波动对石油和金属的影响差异。从中国股票市场来看，阶段一内，中国股市对原油和所有金属品种的影响均不显著，但在阶段二和阶段三内，除了黄金之外，中国股市的影响系数均显著为正，这表明 2008 年金融危机后，无论是国际石油市场还是全球金属市场波动都开始关注中国股市的变化，并且相对于阶段三，阶段二内中国股市的影响系数值更高。由于金融危机后，黄金作为避险资产，其变化更多反映市场恐慌情绪和美元指数（标价效应）的影响，中国股票市场仅在特定时期对市场恐慌情绪产生影响，因此，在阶段二和阶段三内难以对黄金市场产生作用。从人民币即期汇率来看，阶段一内只对黄金价格波动的影响较为显著，对于石油和基本金属影响不显著，但阶段三内情况出现明显变化，对黄金影响不显著，但对基本金属和石油影响则十分显著。从人民币汇率预期来看，阶段一内所有品种价格均受人民币预期变化的影响，阶段二和阶段三内，除了黄金之外，石油和工业金属的汇率预期系数值也十分显著，并且阶段二内的系数值相对更高。

总体来看，中国金融市场对石油和工业金属的影响比较类似，在阶段一内影响比较弱，金融危机后比较显著，但根据表 5.5 和表 5.8，与工业金属相比，中国金融市场对石油价格的影响系数值较低，影响程度相对较弱。

表 5.8 各金属品种的 GARCH 模型回归结果

	铜			铝		
	阶段一	阶段二	阶段三	阶段一	阶段二	阶段三
滞后项	−0.124***	−0.087**	−0.053**	−0.125***	−0.024	−0.048*
美元指数	−0.814***			−0.693***		
美元指数残差		−0.892***	−0.546***		−0.762***	−0.437***
美国股市	0.232***	0.490***	0.407***	0.128**	0.267***	0.328***
中国股市	0.015	0.242***	0.140***	−0.010	0.189**	0.167***
人民币汇率	−0.004		−0.607***	−0.054		−0.447**
汇率预期	−0.622***			−0.493***		
汇率预期残差		−0.817***	−0.523***		−0.625***	−0.524***
残差项	0.042***	0.144***	0.063***	0.094***	0.056**	0.143***
GARCH 项	0.935***	0.848***	0.900***	0.860***	0.911***	0.090
$A\text{-}R^2$	0.077	0.358	0.243	0.076	0.286	0.165
对数似然函数值	1863.14	973.49	4152.483	2058.22	1062.33	4214.93
观测值	728	402	1362	728	402	1362
	锌			铅		
	阶段一	阶段二	阶段三	阶段一	阶段二	阶段三
滞后项	−0.045	−0.052	−0.026	0.038	−0.017	0.022
美元指数	−1.155***			−0.742***		
美元指数残差		−0.774***	−0.499***		−0.936***	−0.610***
美国股市	0.398***	0.329***	0.317***	0.326***	0.400***	0.358***
中国股市	0.045	0.236***	0.166***	−0.035	0.242***	0.129***
人民币汇率	0.470		−0.651***	−0.104		−0.120**
汇率预期	−0.608**			−1.231***		

续表

	锌			铅		
	阶段一	阶段二	阶段三	阶段一	阶段二	阶段三
汇率预期残差		−0.612***	−0.891***		−1.292***	−0.730***
残差项	0.015*	0.042**	0.026***	0.025**	0.077**	0.039***
GARCH 项	0.975***	0.939***	0.968***	0.968***	0.888***	0.953***
$A\text{-}R^2$	0.065	0.199	0.186	0.039	0.263	0.182
对数似然函数值	1696.77	914.13	3973.90	1686.53	864.24	3891.38
观测值	728	402	1362	728	402	1362

	镍			黄金		
	阶段一	阶段二	阶段三	阶段一	阶段二	阶段三
滞后项	−0.028	−0.006	−0.060***	−0.011	0.022	−0.038
美元指数	−0.848***			−1.238***		
美元指数残差		−0.742***	−0.498***		−0.723***	−0.708***
美国股市	0.238**	0.466***	0.485***	0.039	−0.003	−0.052*
中国股市	0.053	0.272***	0.202***	0.007	0.045	0.015
人民币汇率	0.363		−0.789**	−0.526**		−0.289
汇率预期	−1.003**			−0.432***		
汇率预期残差		−1.037***	−0.711***		−0.243	−0.159
残差项	0.024*	0.218***	0.043***	0.036***	0.056**	0.044***
GARCH 项	0.963***	0.657***	0.928***	0.953***	0.918***	0.928***
$A\text{-}R^2$	0.028	0.200	0.180	0.221	0.060	0.111
对数似然函数值	1656.29	853.17	3661.12	2259.40	1178.61	4382.83
观测值	728	402	1362	728	402	1362

注：*、** 和 *** 分别表示在 10%、5% 和 1% 置信水平上显著，回归方程为 $r_{i,t} = \alpha + \beta r_{i,t-1} + \delta r_{\text{DJI},t} + \phi \tilde{w}_{\text{USDX},t} + \eta r_{\text{CNY},t} + \lambda r_{\text{SHCI},t} + \theta \tilde{w}_{\text{CNYexpect},t} + \varepsilon_{i,t}$，$\sigma_t^2 = \omega + \psi \mu_{t-1}^2 + \varphi \sigma_{t-1}^2$，$r_{i,t}$ 为各金属品种收益率。

图 5.7 显示了各金属品种的 SVAR 模型的脉冲响应图，图中 shock1～shock6 分别为自身、美国股市、美元指数、中国股市、人民币即期汇率和人民币汇率预期的冲击，脉冲响应为各金属收益率对一单位结构向量标准差新息（innovation）的反应，表 5.9 显示了基于 SVAR 模型的各品种收益率的方差分解状况，考虑到空间限制，仅列出阶段三内各品种的方差分解表。从中可以看

到,虽然与国际金融市场因素相比,中国金融市场对工业金属国际价格波动的影响力较为有限,但相对于石油来说,除了金融危机后的黄金,中国三个金融市场对金属特别是工业金属的脉冲响应程度较高,说明中国金融市场波动冲击对工业金属价格的影响幅度要高于石油。从方差分解来看,在阶段三内,中国金融市场无论是股票市场、即期外汇市场还是外汇预期波动对所有工业金属收益率变化的解释力都高于石油,与表 5.8 及图 5.7 相似,在阶段三内中国金融市场的波动对黄金价格变化的解释力几乎不受影响,凸显其作为贵金属的独特性。

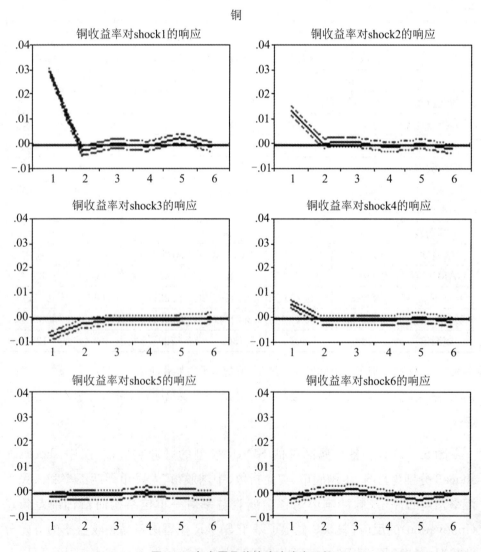

图 5.7　各金属品种的脉冲响应函数

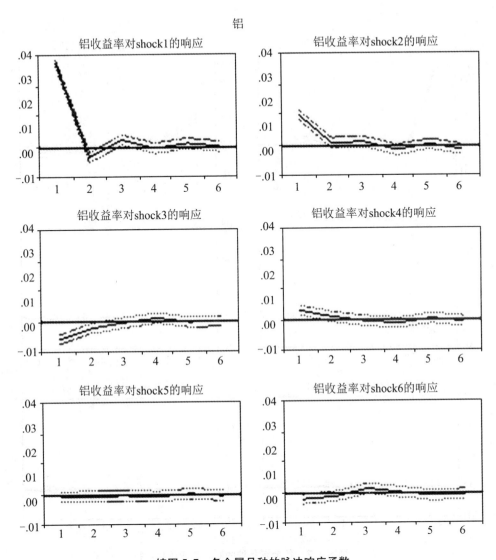

续图 5.7 各金属品种的脉冲响应函数

锌

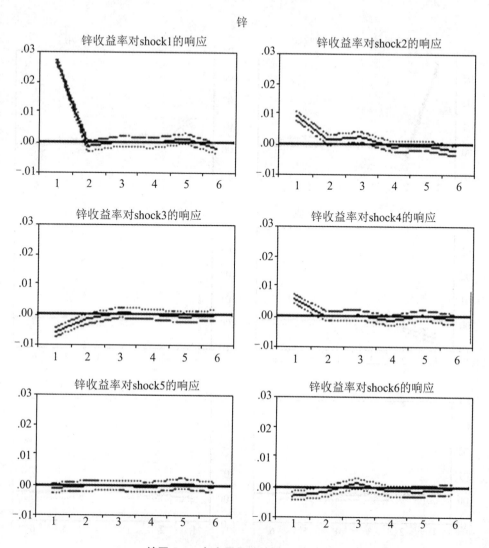

续图 5.7 各金属品种的脉冲响应函数

第 5 章 全球石油价格波动中的中国金融市场因素作用

铅

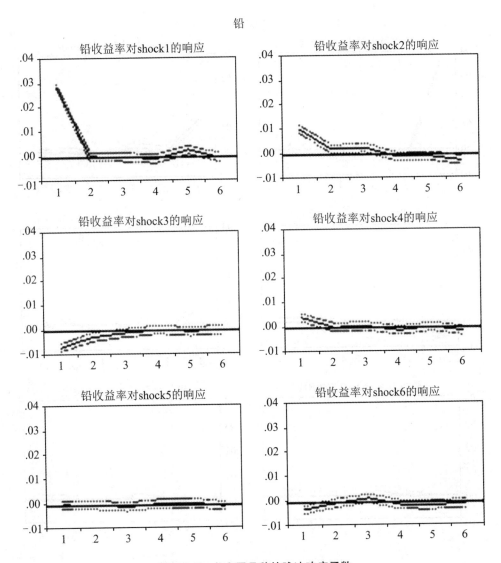

续图 5.7 各金属品种的脉冲响应函数

镍

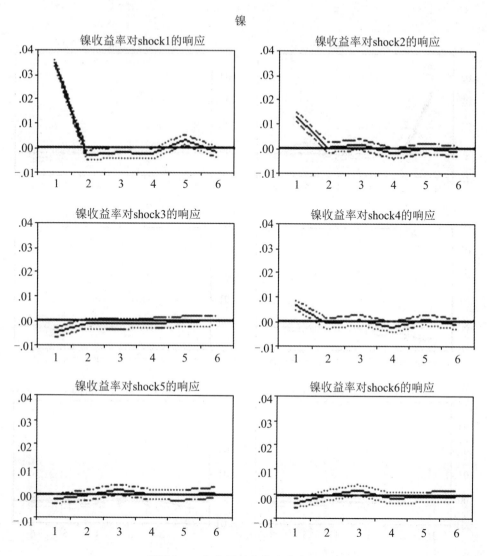

续图 5.7　各金属品种的脉冲响应函数

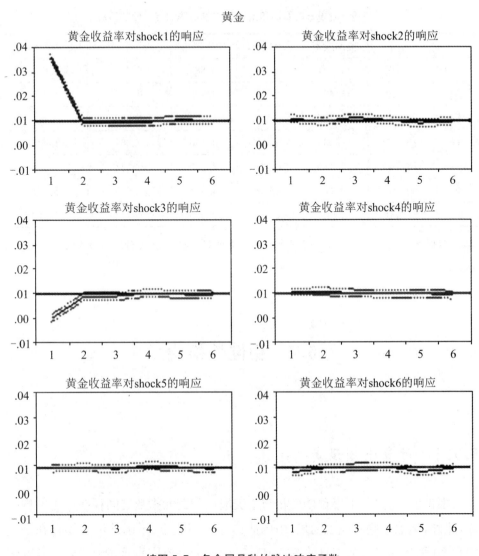

续图 5.7 各金属品种的脉冲响应函数

中国金融市场对石油价格的影响程度低于工业金属的原因,可能主要在于石油波动的影响因素较多,如 Kilian(2014)在一篇有关石油价格变化的综述性文件中指出,石油不断受到石油真实生产和真实需求的影响,更受到地缘政治、OPEC 行为、替代性能源(清洁能源技术、页岩气)以及全球性石油金融市场分布的影响,因此更多的影响因素会降低中国金融市场的影响力,导致其受中国金融因素影响的程度低于工业金属。

表 5.9 阶段三内石油和金属品种收益率的方差分解(%)

	自身	美国股市	美元指数	中国股市	人民币即期汇率	人民币汇率预期
石油	82.707	14.121	1.258	0.884	0.462	0.678
铜	73.625	16.405	4.718	3.279	0.497	1.475
铝	81.929	11.267	4.578	1.206	0.143	0.876
锌	78.230	11.236	4.632	3.798	0.261	1.843
铅	78.760	12.414	4.903	2.219	0.147	1.557
镍	80.309	12.171	1.882	3.645	0.606	1.386
黄金	87.146	0.446	11.419	0.283	0.158	0.548

注：根据 SVAR 实证结果，脉冲响应函数在第 6 期趋于收敛，方差分解结果也选取第 6 期的数据。

5.7 稳健性检验

5.7.1 计量模型设定

根据前文分析，汇率预期变化与中美股市和美元指数之间存在一定的内生性，此外，其他一些研究也发现，中国股市与美国股市、中国外汇市场存在一定的联系(张兵等，2010；李自然等，2011；王健，2014；曹广喜等，2014)，而 2008 年后人民币 NDF 汇率受到金融市场动荡的影响，而国际金融市场动荡与美国股票市场和美元外汇市场之间有着密切的联系。因此，本文中解释变量间存在一定的内生性，文中采用 Pesaran 等(2001)发展的 ARDL 模型来缓解这种内生性，检验中国金融市场波动对石油及其他大宗商品价格影响的稳健性。相对于传统的回归模型，ARDL 模型具有以下 3 个优点：① 变量无论是 $I(0)$、$I(1)$ 还是两者的混合，只要不是 $I(2)$，均对回归结果没有影响；② ARDL 模型将很多变量的滞后项纳入回归方程，有助于判断变量间是否存在协整关系，并通过简单的线性转换得到误差修正项，能够研究变量间的短期动态关系及其长期协整关系;③ ARDL 模型纳入解释变量的滞后项能有效缓解解释变量间的内生性问题,从而提高回归结果的可靠性(Pesaran,Shin,1996)。具体的模型设置为

$$\Delta r_{i,t} = \alpha + \sum_{j=1}^{p} \beta_j \Delta r_{i,t-j} + \sum_{j=0}^{q} \phi_j \Delta r_{\text{USDX},t-j} + \sum_{j=0}^{l} \varphi_j \Delta r_{\text{DJI},t-j} + \sum_{j=0}^{m} \lambda_j r_{\text{SHCI},t-j}$$
$$+ \sum_{j=0}^{n} \gamma_j \Delta r_{\text{NDF},t-j} + \sigma_1 r_{i,t-1} + \sigma_2 r_{\text{USDX},t-1} + \sigma_3 r_{\text{DJI},t-1} + \sigma_4 r_{\text{SHCI},t-1}$$
$$+ \sigma_5 r_{\text{NDF},t-1} + \varepsilon_{i,t} \tag{5.23}$$

其中,$r_{i,t}$为石油及其他大宗商品品种的收益率,Δ是滞后算子,p、q、l、m、n分别为最优滞后阶数,可以利用 AIC 准则确定(Lutkepohl,2006),$\varepsilon_{i,t}$ 为随机误差项。ARDL 模型通过检验下列假设来确定被解释变量与解释变量间的长期协整关系。

原假设 H_0:

$$\sigma_1 = \sigma_2 = \sigma_3 = \sigma_4 = \sigma_5 = 0 \tag{5.24}$$

备择假设 H_1:

$$\sigma_1 \neq 0, \quad \sigma_2 \neq 0, \quad \sigma_3 \neq 0, \quad \sigma_4 \neq 0, \quad \sigma_5 \neq 0 \tag{5.25}$$

在拒绝原假设后,通过转换可以得到协整方程的误差修正项:

$$ECM_{t-1} = r_{i,t-1} - (\alpha + \sigma_1 r_{i,t-1} + \sigma_2 r_{\text{USDX},t-1} + \sigma_3 r_{\text{DJI},t-1} + \sigma_4 r_{\text{SHCI},t-1} + \sigma_5 r_{\text{NDF},t-1})$$
$$\tag{5.26}$$

最终估计回归方程为

$$\Delta r_{i,t} = \alpha + \sum_{j=1}^{p} \beta_j \Delta r_{i,t-j} + \sum_{j=0}^{q} \phi_j \Delta r_{\text{USDX},t-j} + \sum_{j=0}^{l} \varphi_j \Delta r_{\text{DJI},t-j} + \sum_{j=0}^{m} \lambda_j r_{\text{SHCI},t-j}$$
$$+ \sum_{j=0}^{n} \gamma_j \Delta r_{\text{NDF},t-j} + \theta ECM_{t-1} + \varepsilon_{i,t} \tag{5.27}$$

其中,β_j,γ_j,ϕ_j,φ_j 和 λ_j 为短期系数,$\sigma_n(n=1,\cdots,5)$ 为长期系数,θ 为误差修正项调整系数,反映方程从非均衡状态修复的速度。基于前文的理论分析,预期 φ_j、λ_j 和 σ_3、σ_4 的符号为负,ϕ_j、γ_j、σ_2、σ_4 和 σ_5 的符号为正。

2008 年金融危机爆发后,全球金融市场陷入动荡,大宗商品价格剧烈波动,尽管受到各国救助计划影响,大宗商品价格有所反弹,但由于受到欧洲债务危机、英国脱欧等因素的影响,大宗商品及全球金融市场仍不平静。因此,在回归分析中以雷曼兄弟破产作为分界点,将样本期分为两个阶段,即阶段一:金融危机前,2005/07/20 ~ 2008/09/14,阶段二:金融危机后,2008/09/15 ~ 2017/12/29,并比较两个阶段内中国金融市场因素影响力的差异。

5.7.2 实证结果及分析

5.7.2.1 变量单位根检验

虽然 ARDL 对变量协整关系的边界检验并不需要变量满足同阶单整条件,但由于 Pesaran 等(2001)和 Narayan(2005)等对边界检验的 F 值进行统计时需要假定变量是 $I(0)$ 或 $I(1)$,因此如果变量是二阶以上单整,F 值将失效,所以必须先对变量的单位根进行检验,以确定其单整的阶数。表 5.10 对各变量分别进行含趋势项和不含趋势项的 ADF 检验,结果表明各变量及其差分项均为 $I(0)$ 平稳序列,满足进行 ARDL 协整检验的要求,可以运用 ARDL 边界检验法检验变量之间的长期稳定关系。

表 5.10 各变量的单位根检验①

变量	不含趋势项		含趋势项	
	ADF 检验值	平稳性	ADF 检验值	平稳性
$r_{原油}$	−58.393***	平稳	−58.389***	平稳
$\Delta r_{原油}$	−99.367***	平稳	−99.35***	平稳
$r_{铜}$	−58.331***	平稳	−58.339***	平稳
$\Delta r_{铜}$	−98.4***	平稳	−98.383***	平稳
$r_{铝}$	−56.772***	平稳	−56.763***	平稳
$\Delta r_{铝}$	−98.209***	平稳	−98.192***	平稳
$r_{锌}$	−55.435***	平稳	−55.427***	平稳
$\Delta r_{锌}$	−95.043***	平稳	−95.027***	平稳
$r_{铅}$	−51.283***	平稳	−51.286***	平稳
$\Delta r_{铅}$	−91.33***	平稳	−91.314***	平稳
$r_{镍}$	−54.596***	平稳	−54.594***	平稳

---

① 限于篇幅,此处只提供了整个样本期内的单位根检验结果,两个子样本期(即阶段一和阶段二)内的各变量检验结果也是平稳的。

续表

变量	不含趋势项		含趋势项	
	ADF 检验值	平稳性	ADF 检验值	平稳性
$\Delta r_{镍}$	-95.176^{***}	平稳	-95.16^{***}	平稳
$r_{金}$	-51.829^{***}	平稳	-51.888^{***}	平稳
$\Delta r_{金}$	-89.914^{***}	平稳	-89.899^{***}	平稳
$r_{银}$	-52.84^{***}	平稳	-52.871^{***}	平稳
$\Delta r_{银}$	-91.886^{***}	平稳	-91.869^{***}	平稳
r_{USDX}	-54.541^{***}	平稳	-54.547^{***}	平稳
Δr_{USDX}	-94.553^{***}	平稳	-94.537^{***}	平稳
r_{DJI}	-58.418^{***}	平稳	-58.431^{***}	平稳
Δr_{DJI}	-94.491^{***}	平稳	-94.475^{***}	平稳
r_{SHCI}	-53.646^{***}	平稳	-53.669^{***}	平稳
Δr_{SHCI}	-92.687^{***}	平稳	-92.671^{***}	平稳
r_{NDF}	-50.841^{***}	平稳	-50.873^{***}	平稳
Δr_{NDF}	-86.278^{***}	平稳	-86.263^{***}	平稳

注：*、** 和 *** 分别表示在 10%、5% 和 1% 置信水平上显著。

5.7.2.2 ARDL 边界检验

在确定变量平稳性符合要求后，可通过边界检验来验证 ARDL 模型中长期项回归系数的联合显著性，从而考察变量间是否存在长期稳定关系。如果回归方程的 F 统计量值大于上限值，则拒绝"不存在协整关系"的原假设，反之，如果 F 统计量值小于下限值，则无法拒绝原假设，表明解释变量对被解释变量的长期影响关系是不显著的。本书以 r_{DJI}、r_{USDX}、r_{SHCI}、r_{NDF} 为解释变量，对各被解释变量长期系数的联合显著性进行 F 检验，表 5.11 结果显示，所有被解释变量均与解释变量之间存在长期稳定的协整关系[①]。

---

① 限于篇幅，本文只给出整个样本期内的 ARDL 边界检验结果，阶段一和阶段二的边界检验结果也是类似的。

表 5.11　各被解释变量的 ARDL 边界检验

被解释变量	F 值	上限 F 值(1%)	结果判断
$r_{原油}$	247.122	5.06	存在协整关系
$r_{铜}$	206.227	5.06	存在协整关系
$r_{铝}$	369.596	5.06	存在协整关系
$r_{锌}$	725.174	5.06	存在协整关系
$r_{铅}$	629.490	5.06	存在协整关系
$r_{镍}$	674.676	5.06	存在协整关系
$r_{金}$	366.385	5.06	存在协整关系
$r_{银}$	610.378	5.06	存在协整关系

5.7.2.3　ARDL 回归结果

表 5.12 显示了石油和其他大宗商品品种收益率的回归结果。整个样本期内,美元指数对石油等品种收益率的影响系数十分显著,系数值均在 0.4 以上,个别品种的系数达到 1 以上,表明美元指数上涨 1%,将导致石油等商品价格下降超过 0.4%,这符合国际大宗商品市场的美元标价事实,与 Kaufmann 和 Ullman(2009)、Cifarelli 和 Paladino(2010)等的研究结果是一致的。

阶段一内,美国股票市场对铜、铝、铅、锌、镍等工业金属的影响显著为正,但对石油、黄金的影响不显著,而阶段二内,美国股票市场对石油以及其他除黄金之外品种的影响均显著,且系数值明显提高,说明阶段一内美国股票市场上涨只会带动工业金属价格上升,而金融危机后这种影响扩散到石油。导致这种结果的原因可能在于:金融危机前,金融市场情绪比较稳定,石油市场交易者更多关注 OPEC 产量、地缘政治等因素,对美国股票市场的反映不足,但对于铜、铝等工业金属来说,美国市场一方面相对重要,另一方面,这些工业金属尤其是铜的价格被称为全球经济的"晴雨表",其变化呈现出与美国股市更高的一致性[①]。不过,在 2008 年全球性金融危机的冲击下,投资者对全球金融市场波动的敏感度明显提高,加之全球金融市场和宏观经济同步性有所增强,美国股票市场波动不仅反映了美国经济基本面的变化,也反映了全球经济基本面的变

---

① 这个结果与 Delatte 和 Lopez(2013)的研究结论是一致的。

化,美国股票市场作为全球金融市场的中心地位得到强化,其波动不仅反映了全球实际需求的调整,也带来了全球市场风险偏好变动,强化了资产的风险属性。因此,金融危机后,美国股票市场不仅对工业金属价格的影响力显著,对石油价格的影响也十分显著,这与 Büyükşahin 和 Robe(2014)的研究结论是相似的。与石油和工业金属商品相反,金融危机后,黄金的避险功能得到强化,美国股票市场的上涨意味着市场情绪的缓和以及风险偏好的上升,导致阶段二内美国股票市场的系数为负。

阶段一内,中国股票市场对包括石油在内的所有大宗商品的影响均不显著,但阶段二内,除黄金之外,中国股票市场的影响系数均显著且为正,这表明,2008 年金融危机后,包括石油在内的全球大宗商品价格波动开始关注中国股票市场的变动。正如前文分析,中国股市上涨或下跌一方面反映了市场对中国宏观经济及大宗商品需求的判断;另一方面,也会通过金融市场间的信息传递影响全球市场(包括大宗商品市场)的市场情绪,中国股票市场波动越来越具有国际影响力。代表性的事件包括:① 金融危机后我国实施的救助计划(如四万亿经济刺激政策、减税和家电、汽车等补贴政策等)和欧美的危机救助计划共同提振了全球经济,促使金融市场信心恢复和产出增长,从而有效降低了市场恐慌程度;② 2015 年 8 月的"股灾"导致国际金融市场上恐慌情绪快速升温,但随后的中国"救市"措施又使得市场恐慌有效降低,带来 VIX 指数的大幅波动,对作为风险资产的诸多大宗商品价格产生影响。不过,阶段二内中国股票市场的系数值较低,与美国股票市场指数的系数差别较大,表明美国股票市场对全球大宗商品市场的影响力明显高于中国股票市场。

与股票市场不同,阶段一内人民币 NDF 汇率对铜、铝、铅、镍等工业金属的影响显著且为负,意味着 NDF 市场的人民币 NDF 汇率升值会带来上述品种的价格上涨,反之则带来价格下跌,但对石油、黄金等价格的影响不显著。金融危机前,投资者尤其是国际投资者通常利用 NDF 市场来判断未来人民币的走势,尽管存在一定的投机成分,人民币 NDF 走势在一定程度上也反映了投资者对中国宏观经济走势的判断(Liu, Pauwels, 2012),而中国作为工业金属的重要需求国,人民币 NDF 汇率波动对工业金属类大宗商品的价格会产生一定的溢出效应。尽管中国也是石油、黄金等品种的重要需求国,与金融危机前的美国股票市场类似,该阶段内石油、黄金的价格更多受到自身行业特性的影响,导致人民币外汇市场的影响不显著。阶段二内,除黄金之外,NDF 汇率对工业金属和石油的影响均在1%水平上负向显著,表明 NDF 汇率对国际大宗商品价格的影响从广度(品种范围)和深度(影响显著性)上均得到了强化。

表5.12结果同时显示,各变量短期系数的当期值和显著性程度与长期系数基本一致,同时,滞后期系数总体上并不显著,说明中国和美国的股票、外汇市场变化对国际大宗商品市场的影响主要是当日影响,金融市场间的信息传递速度很快。误差修正项系数显著为负,并且在−1左右,意味着国际大宗商品价格很快能从偏离状态中修复过来,凸显金融市场调整的快速性。此外,所有方程的 CUSUM 和 CUSUMSQ 检验均是稳定的,说明回归结果是有效的。

表5.12 RJ/CRB 指数与各大宗商品品种的回归结果

	石油		铜		铝		锌	
	阶段一	阶段二	阶段一	阶段二	阶段一	阶段二	阶段一	阶段二
长期系数								
r_{USDX}	−1.369***	−0.587***	−1.344***	−0.655***	−0.736***	−0.610***	−1.021***	−0.519***
r_{DJI}	−0.100	0.815***	0.481***	0.571***	0.152***	0.347***	0.760***	0.452***
r_{SHCI}	−0.001	0.084***	0.089	0.174***	−0.004	0.076***	0.047	0.196***
r_{NDF}	−0.143	−0.921***	−0.630**	−0.646***	−0.426**	−0.368**	−0.393	−0.362**
短期系数								
$\Delta r_{i,t-1}$		−0.028		−0.099***		−0.061***		
$\Delta r_{i,t-2}$		−0.019		−0.052*				
$\Delta r_{i,t-3}$		−0.048**		−0.056**				
$\Delta r_{USDX,t}$	−1.199***	−0.638***	−0.792***	−0.668***	−0.810***	−0.516***	−1.053***	−0.561***
$\Delta r_{DJI,t}$	−0.116	0.660***	0.360***	0.506***	0.167***	0.321***	0.461***	0.392***
$\Delta r_{DJI,t-1}$				0.100***		0.042*		
$\Delta r_{SHCI,t}$	−0.001	0.092***	0.029	0.177***	−0.004	0.075***	0.049	0.212***
$\Delta r_{SHCI,t-1}$				−0.074**				
$\Delta r_{NDF,t}$	−0.166	−0.670***	−0.711***	−0.659***	−0.468**	−0.364***	−0.405	−0.392***
ECM_{t-1}	−1.159***	−1.086***	−1.128***	−1.020***	−1.127***	−0.991***	−1.032***	−1.081***
R^2	0.10	0.24	0.09	0.33	0.09	0.22	0.08	0.19
观测值	737	2180	725	2144	727	2144	727	2144

续表

	石油		铜		铝		锌	
	阶段一	阶段二	阶段一	阶段二	阶段一	阶段二	阶段一	阶段二
CUSUM	稳定	稳定	稳定	稳定	稳定	稳定	稳定	稳定
CUSUMSQ	稳定	稳定	稳定	稳定	稳定	稳定	稳定	稳定

	铅		镍		黄金	
	阶段一	阶段二	阶段一	阶段二	阶段一	阶段二
长期系数						
r_{USDX}	−0.878***	−0.641***	−0.779***	−0.457***	−1.758***	−0.836***
r_{DJI}	0.368***	0.529***	0.288***	0.658***	0.044	−0.090***
r_{SHCI}	0.004	0.180***	−0.001	0.188***	0.017	0.017
r_{NDF}	−1.049***	−0.833***	−0.835**	−0.816***	−0.244	−0.181*
短期系数						
$\Delta r_{i,t-1}$						0.034*
$\Delta r_{i,t-2}$						
$\Delta r_{i,t-3}$						
$\Delta r_{\text{USDX},t}$	−0.817***	−0.642***	−0.771***	−0.496***	−1.341***	−0.740***
$\Delta r_{\text{DJI},t}$	0.342***	0.428***	0.285***	0.518***	0.046	−0.092***
$\Delta r_{\text{DJI},t-1}$						
$\Delta r_{\text{SHCI},t}$	0.003	0.181***	−0.001	0.203***	0.018	0.017
$\Delta r_{\text{SHCI},t-1}$						
$\Delta r_{\text{NDF},t}$	−0.975***	−0.834***	−0.826**	−0.885***	−0.256	−0.185*
ECM_{t-1}	−0.930***	−1.001***	−0.989***	−1.083***	−1.048***	−1.024***
R^2	0.05	0.21	0.03	0.19	0.23	0.13
观测值	727	2144	727	2144	718	2142
CUSUM	稳定	稳定	稳定	稳定	稳定	稳定
CUSUMSQ	稳定	稳定	稳定	稳定	稳定	稳定

注:*、**和***分别表示在10%、5%和1%置信水平上显著。

第 6 章　美元汇率与全球石油价格波动
——基于每日数据的分析

作为全球重要的两种投资资产，石油和美元之间的关系一直是国际金融市场关注的重要内容。如果两者存在稳定的负相关关系，则投资者可以采取对冲策略，利用两个市场进行分散投资和风险对冲；如果两者的负向关系具有阶段性特征，则只能在特定的阶段内采用对冲策略；如果两者相关性较弱，分散投资就无法起到分散风险的作用。那么两者之间的相关性具有哪些特征，是什么原因决定了这些特征，对这些问题的回答无论对投资者还是研究者来说，都具有重要价值。

许多学者通过不同的方法在原油价格与美元汇率的关系问题上进行了广泛的讨论与研究。总体来看，这些研究表明两种资产间存在着负向关系，但这种关系的强弱是动态变化的。例如 Yousefi 和 Wirjanoto(2004)、Cifarelli 和 Paladino(2010)发现美元汇率与石油价格之间存在负向关系。Mensah 等(2007)研究了 2008 年金融危机前后 6 个石油依赖型经济体的双边美元汇率与油价之间的长期动态关系。石油价格与美元汇率的负相关关系对那些更多依赖石油出口获得收入的国家来说尤为明显，特别是在危机发生后期。Wu 等(2012)使用动态 copula-GARCH 模型研究发现，美元指数与石油价格的关系是随时间变化的(呈现阶段性特征)。在 2003 年之前，两者的相关性很弱，但 2003 年之后，美元指数与石油价格之间的关系呈现负相关关系并且逐渐增强。Reboredo 等(2014)发现在金融危机之前，石油价格与主要货币(美元、欧元、澳元、英镑、加元等)汇率之间存在弱的负相关关系，并且随着时间范围的扩大，这种相关性逐渐变弱。而在金融危机之后，石油价格与美元汇率之间的负相关关系在各个时间段上都显著增强。Coudert 和 Migonon(2016)甚至发现这种负向关系在大多数情况下都是成立的,而当美元价值高到一定程度时,两者之间反而呈现正向关系,就如 20 世纪 80 年代早期一样。究竟是美元汇率的变化影响了石油价格,还是石油价格导致了美元汇率的变化。大量文献对这一问题进行了探讨,但尚未达成共识。Krichene(2005)、Zhang 等(2008)和 Cheng(2008)认为,是美元汇率导致了石油价格的波动。McLeod 和 Haughton(2018)认为美元的实际有效汇率(REER)是影响未来石油价格走势的主要因素。然而,Lizardo 和 Molick(2010)则认为,从长期来看,石油价格有助于解释美元汇率的变化。Reboredo 等(2014)发现在金融危机之后,石油价格与美元汇率之间存在一种相互依赖的关系。Chen 等(2016)研究发现石油价格冲击(供给或需求冲击)可以解释美元汇率长期变化的 10%~20%,并且在全球金融危机后解释力更强。

为什么在美元与石油价格之间会存在一种负相关关系?现有的解释主要强调两方面:一方面是标价效应(denomination effect),该效应强调了石油价格是以美元来标价的。Krichene(2005)认为美元名义有效利率(NEER)的变化影响了以其他货币表示的石油进口价格,因此也影响了全球石油需求以及石油的价格,Jawadi 等(2016)也得出了类似的结论。另一方面是资产组合效应,该效应强调美元贬值将会导致美元资产收益率下降,因此,投资者会增加对石油及其他资产的投资,这导致了石油价格的上涨,美元和石油价格也因此呈现出负向关系,反之亦然(Kaufmann,Ullman,2009)。

虽然现有文献指出了两者互相影响的某些渠道,有助于理解两者间的负向关系,但这些分析却无法为两者关系的阶段性特征提供足够合理的解释,如为什么某些时期内负向关系微弱,而某些时期内强烈,究竟是什么因素促使市场参与者形成"美元资产下跌、石油资产上涨"(或相反)的观点并采取相应的市场策略,进而使两者呈现负向关系。因此,本章将利用 DCC-GARCH 模型对美元汇率与全球石油价格关系进行进一步分析。

6.1 数据来源与基本统计

本节选取 1990 年 1 月 2 日至 2016 年 12 月 31 日的北海布伦特原油期货价

格和美元指数的数据,数据来源于 Wind 资讯。考虑到交易日的非一致性,只选取同一营业日的指数价格数据。从图 6.1 可以看到,原油价格和美元汇率均表现出明显的波动性,尤其是金融危机前后。相对于美元指数,原油价格波动幅度更大。

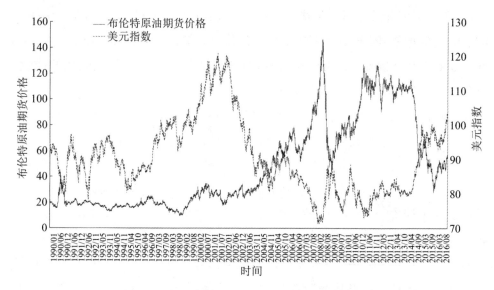

图 6.1 布伦特原油期货价格和美元指数变动状况
数据来源:Wind 资讯

设 $r_{BOO,t}$ 为布伦特原油期货收益率,$r_{USDX,t}$ 为美元指数收益率,收益率等于各自价格的对数差,共有 6861 个观测值。表 6.1 显示了一些基本的数据描述。原油和美元指数的收益率偏度均为负,说明收益率系列为有偏分布,峰度检验值均大于 3,表明存在尖峰现象,JB 检验拒绝了正态分布的原假设,且在 1% 置信水平上均为显著,这与绝大部分金融市场的特征相类似。

表 6.1 布伦特原油期货和美元指数收益率的基本统计描述

	$r_{BOO,t}$	$r_{USDX,t}$
均值	0.000170	$-3.06E-07$
最大值	0.147017	0.029498
最小值	-0.427223	-0.032521
标准差	0.021708	0.005240
偏度	-1.265616	-0.065566
峰度	29.47695	4.962633

续表

	$r_{\text{BOO},t}$	$r_{\text{USDX},t}$
JB值	194132.2***	1061.753***
观测值	6972	6972

注：*、** 和 *** 分别表示在10%、5%和1%置信水平上显著。

6.2 实证方法与实证结果

6.2.1 实证模型

本文采用了 Engel(2002)的 DCC-GARCH 模型来检验样本数据间的相关性，该模型能够有效地测量变量的动态相关性，从而能够判断不同时间点上的变化和总体的阶段性特征，因此，在金融学研究中被广泛用来分析不同资产间的动态关系。

原油期货和美元指数的收益率均值方程分别设为

$$r_{\text{BOO},t} = \omega + \varepsilon_{1,t}, \quad r_{\text{USDX},t} = \xi + \varepsilon_{2,t} \tag{6.1}$$

其中，$\boldsymbol{\omega} = (\omega_{\text{BOO}}, \omega_{\text{USDX}})$ 为原油期货和美元收益率均值向量，令

$$\boldsymbol{\varepsilon}_t = (\varepsilon_{1,t}, \varepsilon_{2,t})', \quad \boldsymbol{\varepsilon}_t \mid \Omega_{t-1} \sim N(0, H_t) \tag{6.2}$$

其中，Ω_{t-1} 为 $t-1$ 期的信息集，即第 $i(i=1,2)$ 种资产回报率的新息 $\{\boldsymbol{\varepsilon}_{i,t}\}$ 服从均值为0，协方差矩阵为 H_t 的多元正态分布，即

$$\boldsymbol{H}_t = \boldsymbol{D}_t \boldsymbol{R}_t \boldsymbol{D}_t \tag{6.3}$$

其中，$\boldsymbol{R}_t$ 为 2×2 的时变相关系数矩阵，$\boldsymbol{D}_t$ 为 GARCH 模型条件标准差 $\sqrt{h_{ii,t}}$ 的 2×2 对角矩阵，即

$$\boldsymbol{D}_t = \begin{bmatrix} \sqrt{h_{11,t}} & 0 \\ 0 & \sqrt{h_{22,t}} \end{bmatrix} \tag{6.4}$$

Engel(2002)采用两阶段方法来估计 H_t，第一阶段估计单变量 GARCH 方程，获得条件标准差 $\sqrt{h_{ii,t}}$，即

$$h_{ii,t} = \omega_i + \alpha_{ii}\varepsilon_{ii,t-1}^2 + \beta_{ii}h_{ii,t-1}, \quad \forall\, i=1,2 \tag{6.5}$$

然后,在第二阶段利用 $\sqrt{h_{ii,t}}$ 来获得标准化残差 $\mu_{i,t}=\dfrac{\varepsilon_{i,t}}{\sqrt{h_{ii,t}}}$,用以计算条件相关系数。令 $\boldsymbol{\mu}_t=(u_{1,t},u_{2,t})'$,$\boldsymbol{\mu}_t \sim N(0,\boldsymbol{R}_t)$。Engel 建议动态相关结构为

$$\boldsymbol{Q}_t = (1-a-b)\bar{\boldsymbol{Q}} + a(\boldsymbol{\mu}_{t-1}\boldsymbol{\mu}_{t-1}') + b\boldsymbol{Q}_{t-1} \tag{6.6}$$

其中,$\boldsymbol{Q}_t=(q_{ij,t})$ 为 $\boldsymbol{\mu}_t$ 的 2×2 时变协方差矩阵,$\bar{\boldsymbol{Q}}=E[\boldsymbol{\mu}_t\boldsymbol{\mu}_t']$ 为 $\boldsymbol{\mu}_t$ 的无条件方差矩阵。a 和 b 为 DCC 系数,并满足 $a+b<1$。由于 $\boldsymbol{Q}_t$ 对角上并不一定为 1,因此将其标准化获得相关矩阵 $\boldsymbol{R}_t$,即

$$\boldsymbol{R}_t = (\boldsymbol{Q}_t^*)^{-1}\boldsymbol{Q}_t(\boldsymbol{Q}_t^*)^{-1} \tag{6.7}$$

其中,$\boldsymbol{Q}_t^* = \begin{bmatrix} \sqrt{q_{11}} & 0 \\ 0 & \sqrt{q_{22}} \end{bmatrix}$,此时,$\boldsymbol{R}_t$ 中的元素为 $\rho_{ij,t}=\dfrac{q_{ij,t}}{\sqrt{q_{ii,t}q_{jj,t}}}(i,j=1,2)$,关键元素是 $\rho_{12,t}=\dfrac{q_{12,t}}{\sqrt{q_{11,t}q_{11,t}}}$,反映了两种资产回报率之间的条件相关性。

估计方法采用准最大似然估计法,对数似然值为

$$L = \left\{-0.5\sum_{t=1}^{T}\left[2\lg(2\pi)+\lg|\boldsymbol{D}_t|^2+\boldsymbol{\varepsilon}_t'\boldsymbol{D}_t^{-2}\boldsymbol{\varepsilon}_t\right]\right\}$$
$$+ \left[-0.5\sum_{t=1}^{T}(\lg|\boldsymbol{R}_t|+\boldsymbol{\mu}_t'\boldsymbol{R}_t^{-1}\boldsymbol{\mu}_t-\boldsymbol{\mu}_t'\boldsymbol{\mu}_t)\right] \tag{6.8}$$

6.2.2 实证结果

我们在进行 DCC-GARCH 模型实证研究之前先对各个收益率系列进行单位根检验和异方差检验。根据检验,各收益率系列均平稳且全部通过了单位根检验。收益率方程在采用 GARCH 形式之前,其关于异方差的 ARCH-LM 检验,1、6、10、20 期滞后 LM 检验值均在 1% 水平上显著,拒绝同方差的原假设,而采用 GARCH 模型后,ARCH-LM 检验均不显著,这表明前文所述的异方差建模方法是合适的,限于篇幅,这里未列出具体检验结果。

在进行上述检验之后,表 6.2 给出了 DCC-GARCH 的实证结果。可以看到,所有 GARCH 项的系数均在 1% 水平上显著,并且 $\alpha_{11}+\beta_{11}$、$\alpha_{22}+\beta_{22}$ 均接近1,说明条件方差具有很高的持续性。DCC 系数 a 和 b 均在 1% 水平上显著,并且 $a+b$ 接近 1,表明动态条件相关是均值回复的。

表 6.2　布伦特原油与美元指数的 DCC-GARCH 实证结果

系数	值
ω_1	0.000**
α_{11}	0.041***
β_{11}	0.933***
$\alpha_{11}+\beta_{11}$	0.997
ω_2	0.000***
α_{22}	0.032***
β_{22}	0.967***
$\alpha_{22}+\beta_{22}$	0.999
a	0.004***
b	0.995***
对数似然函数值	44886

注：*、** 和 *** 分别表示在 10%、5% 和 1% 置信水平上显著。使用的软件为 MATLAB。

为了更直接地反映出两者之间的动态变化关系，图 6.2 给出了两者的动态相关系数变化情况。我们发现，布伦特原油价格和美元指数的相关系数是时变的，具有明显的阶段性特征。在 2002 年之前，美元汇率和原油价格之间的动态相关系数围绕在零左右波动，并且波动范围较窄，集中在区间 [−0.1, 0.1] 内，

图 6.2　石油和美元的动态相关系数变动图

说明该时期内,美元与石油之间相关程度较低,尽管在某些时间点如1990～1991年出现过一定程度的负相关。从2002年以后,石油和美元之间的负向关系得到确立,两者的动态相关系数在2002～2004年从0下降到-0.15左右,之后维持在-0.20左右,直到2008年7月之后再次出现了明显下降,到2009年下降到-0.4以下,并在2013年6月之前在[-0.30,-0.45]之间波动。2013年6月以后,相关系数急剧上升并趋向于零,负向关系明显弱化。总体来看,1990年以后,石油和美元关系呈现出明显的阶段性特征,经历了一个"很弱—负向关系确立—负向关系增强—变弱"的过程。

6.3 稳健性检验

大量研究表明,收益通常具有波动的集聚性、分布的尖峰厚尾性及"杠杆效应"。因此,为了检验DCC-GARCH模型结果的稳健性,我们进一步使用Nelson(1991)建立的EGARCH模型来探讨不同阶段两者的关系,并捕捉两者之间的非对称性特征。根据WTI价格和美元指数的历史走势,以及DCC系数变化状况,将样本分为4个时间段,分别为:1990/01/02～2001/12/31,2002/01/01～2008/07/03,2008/07/04～2013/06/19 和 2013/06/20～2016/12/31。之所以选取这3个关键时间点,是因为这3个关键时间点分别对应着3个重要历史事件:① 欧元正式流通,标志着欧元时代正式到来;② 受金融市场动荡影响,布伦特原油在达到146美元/桶顶峰后开始大跌,美元开始走强,很快金融危机全面爆发;③ 美联储第四次议息会议结束后,美联储主席伯南克表示,如果美国经济持续改善,美联储可能考虑退出量化宽松政策,市场形成了量化宽松政策退出的预期。一般来说,EGARCH(1,1)模型已经能够较好地模拟众多金融市场收益率的变化,通过实际检验,我们发现EGARCH(1,1)-GED模型比其他GARCH簇模型更为合适,具体模型显示如下:

$$r_{BOO,t} = \omega_0 + \alpha r_{BOO,t-1} + \beta r_{USDX,t} + \varepsilon_t \tag{6.9}$$

$$\ln h_t = \omega + \varphi \ln h_{t-1} + \gamma \frac{\varepsilon_{t-1}}{h_{t-1}^{\frac{1}{2}}} + \delta \left[\frac{|\varepsilon_{t-1}|}{h_{t-1}^{\frac{1}{2}}} - \left(\frac{2}{\pi}\right)^{\frac{1}{2}} \right] \tag{6.10}$$

$$\varepsilon_t | I_{t-1} \sim GED(0, h_t) \tag{6.11}$$

其中，h_t 为条件方差，γ 表示非对称性，具体的实证结果见表 6.3。

从表 6.3 可以看出，EGARCH 模型的结果和 DCC-GARCH 模型的结果总体上是一致的，在 2002 年之前，均值系数 β 不显著并且接近于零，整个方程的显著性很低，而在 2002 年之后的阶段二和阶段三内，β 均在 1‰ 置信水平上显著，其中阶段三的系数明显大于阶段二，并且阶段三方程的 A-R^2 值也明显增加，说明阶段二和阶段三内美元指数和原油价格之间存在着显著的负向关系，但阶段三内这种关系更为强烈。而阶段四和阶段一类似，无论是 β 还是方程的 A-R^2 值均很低，系数和方程的显著性很差，即两者在该阶段相关性很弱。四个阶段的 EGARCH 结果进一步表明，美元指数和原油价格的相关性确实经历了一个"很弱—负向关系确立—负向关系增强—变弱"的过程，上面提到的 DCC-GARCH 结果是稳健的。

表 6.3 石油和美元收益率的 EGARCH 模型结果

	1990/01/02～2001/12/31（阶段一）	2002/01/01～2008/07/03（阶段二）	2008/07/04～2013/06/19（阶段三）	2013/06/20～2016/12/31（阶段四）
滞后项 α	−0.003	−0.082***	0.003	−0.120***
均值系数 β	0.026	−0.616***	−1.124***	−0.307**
ARCH 项 φ	0.146***	0.063***	0.106***	0.031**
非对称项 γ	0.021**	−0.029**	−0.072***	−0.084***
GARCH 项 δ	0.991***	0.969***	0.990***	0.996***
GED 参数	1.172***	1.548***	1.446***	1.365***
A-R^2	0.000	0.026	0.129	0.015
观测值	3071	1699	1293	909

注：*、** 和 *** 分别表示在 10％、5％ 和 1％ 置信水平上显著。

6.4 关键中介因素假说与解释

实证结果证明，即使把样本期扩展到金融危机之后，原油价格和美元间的关系也具有时变特征,这和以往的研究结论是一致的。由于以往的研究并没有为两者关系的阶段性特征提供足够合理的解释,因此,本书提出"关键中介因素"假说。我们认为:第一,虽然原油价格和美元汇率分别受到各自因素的影响,如美元汇率受到美国及欧盟等货币政策、国际收支不平衡、相关经济体的宏观经济前景等因素影响,原油价格受到 OPEC 及非 OPEC 产油国产出、全球总体需求、流动性、替代产品产量和价格、地缘政治事件等影响,但某个时期内,存在着一个同时对美元汇率和原油价格都有重大影响的"关键中介因素",并且影响方向相反,使得两者呈现负向关系,但由于"关键中介因素"对两者的影响程度都具有时变特征,导致该时期内两者的相关程度时强时弱;第二,不同时期的"关键中介因素"并不相同;第三,在某些时期内,并不存在这样一个"关键中介因素",此时,两者的价格波动主要受到各自的影响因素驱动,致使两者间相关性微弱。具体逻辑机制如图 6.3 所示。

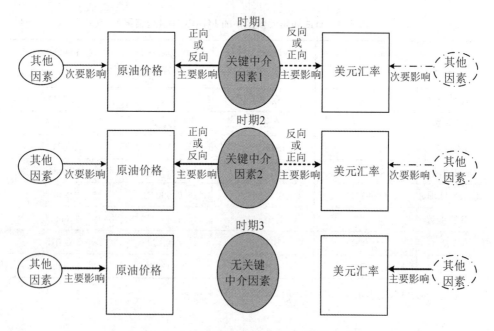

图 6.3 "关键中介因素"假说的逻辑机制图

根据 20 世纪 90 年代以后的国际金融市场实际运行状况,我们认为,2002 年以后,分别有两个因素承担过"关键中介因素"的作用,一是趋势性市场特征,二是金融市场情绪,2002 年之前则缺乏相应的"关键中介因素"。

6.4.1 趋势性市场特征

资产价格在某些阶段总是体现出一定的趋势性特征,这种趋势性特征会影响投资者的预期,并进而影响到投资行为和不同资产价格间的关系。2002年至金融危机前美元和原油价格负向关系不断增强的重要原因就在于,该时期美元和原油价格呈现出明显的反方向趋势性特征,具体来说,美元受到欧元出现的冲击,从之前的上行趋势转为长期的下降趋势,以及受新兴经济体需求增加和金融投机等所带来的大宗商品(包括石油)"超级周期"。

早在1999年,欧元在欧盟各成员国范围内正式发行之前,很多经济学家已经开始讨论欧元出现可能对美元国际地位和美元价值的影响,代表性的观点如Portes 和 Rey(1998)认为欧元建立将使欧洲金融市场深度增加,交易成本减少,提高欧元资产的吸引力,增加欧元在贸易和储备资产中的使用比例,从而对美元的国际地位产生冲击,导致美元价值下降。2002年1月1日欧元正式流通后,市场对欧元国际地位的认可程度进一步提高,金融危机前欧元对美元不断升值(在2004～2005年出现过短期贬值)。由于欧元在美元指数计算中的权重很大,美元对欧元的趋势性贬值也带来了美元指数的趋势性下降。在此期间,国际上的投资者对美元总体看空,形成了长期向下的预期,直到金融危机的爆发。

与美元指数长期下行相对应的是包括石油在内的大宗商品价格的大幅上升,很多研究表明,此次石油的"超级周期"背后的原因多种多样,包括新兴经济体崛起所代表的全球需求上升、全球宽松的货币政策和低利率、供给稳定与控制以及金融投资(Büyükşahin et al.,2009;Cifarelli, Paladino, 2010;Fattouh, Scaramozzino,2011;Erten, Ocampo,2012)。例如,美国和欧盟的货币政策(Anzuini et al.,2012;Ratti, Vespignani,2016),全球总需求(Kilian,2009),OPEC和非OPEC的石油生产(Demirer, Kutan,2010;Golombek et al.,2018),原油以及石油产品的库存(Bu,2014;Kilian, Lee,2014),页岩油等替代产品的价格(Killian,2016;Behar, Ritz,2017),影响原油价格的地缘政治事件(Martina et al.,2011;Karali, Ramirez,2014;Chen et al.,2016),金融市场或投资者情绪(Tang, Xiong,2012;Qadan, Nama,2018)。原油价格以及其他大宗商品价格的上涨趋势带来了市场参与者预期的调整,并产生了上涨预期。Fattouh 和

Scaramozzino(2011)发现,在原油价格大幅上涨之前,大部分市场参与者认为石油的长期均衡价格在20~22美元之间,但之后市场参与者改变了长期均衡价格的预期,开始认为原油价格将不断向上调整。事实上,当时市场上充斥着各种关于原油价格上涨的预测和分析报道,如著名投行高盛在金融危机之前长期倡导"超级上涨"理论,该理论认为充足供应增长匮乏以及非经济合作与发展组织国家的原油需求不受价格影响继续增长,必将导致原油价格持续大幅上涨,直到2008年5月6日,高盛仍发布研究报告声称,WTI原油价格在未来两年内可能升至200美元/桶,原因是其处于"超级上涨"周期之中。这种上涨预期在金融危机发生后发生突然逆转,如危机后美林公司预测,如果冲击美、欧、日的经济衰退蔓延至中国,原油价格可能在2009年跌至25美元/桶。高盛也在2008年12月的一份研究报告中表示,预计2009年第一季度油价将跌至30美元/桶,全年均价跌至45美元/桶。

Erten和Ocampo(2012)指出,大宗商品价格的上涨使得金融投资者认为,大宗商品金融化交易成为对冲资产组合中潜在风险的重要方式,这些金融工具成为投资的获利工具。当市场对两种金融化的资产价格趋势具有相反的预期时,会导致投资者在金融市场上进行对冲,在一种市场上看多时,对应着另一个市场的看空,从而促使两者出现负向关系。随着市场认为这种负向关系变成一种规律时,即使在石油出现短期下降或美元出现短期升值时,市场参与者仍然会进行对冲操作,从而有助于维持两者的负向关系。这有助于解释为什么在2002年以后,美元和石油之间呈现出不断增加的负向关系,并且即使在美元或石油出现短期反向波动时,也保持了相当程度的负向关系。从某种意义来说,2008年金融危机后市场关于美元和原油价格趋势的预期都发生了逆转,虽然这种逆转是由市场恐慌引起的,但危机前市场利用两者进行对冲交易的惯性仍在延续,这进一步强化了两者的负向关系。

6.4.2 金融市场情绪

2008年金融危机爆发后,市场恐慌情绪的变动成为影响美元汇率与原油价格的关键因素。很多学者认为,在金融危机或金融市场风险较高的时期,出于避险的需要,美元作为"安全天堂"货币的特性和价值尤为显著。Cairns等(2007)认为,由于美元是"世界货币",与发展中国家和新兴工业化国家货币相比,在流动性和可接受性上的优势无与伦比,因此大量投资者认为持有美元就是选择安全,在市场动荡时期收益的稳定性显得尤为重要。Ranaldo 和 Söderlind(2007)指出,风险增加、股票市场下滑和美元升值息息相关,这在 2008 年金融危机中体现得尤为明显。McCauley 和 McGuire(2009)认为,在金融危机初期,由于金融市场波动和风险偏好下降,各种类型的投资者争相购买美元及美元资产,导致美元大幅升值。这些研究都表明,金融市场波动和全球风险偏好变化会直接影响到其他国家货币对美元的汇率水平。以衡量金融市场恐慌程度的 VIX 指数为例,自 2007 年 8 月始,金融市场的恐慌程度已经上升,2008 年 8 月"雷曼兄弟"破产使得市场恐慌情绪急剧上升,此后虽然受美国财政政策、美联储"量化宽松"货币政策和各国央行货币互换等政策支持,市场恐慌程度不断下降,但是后来的欧洲债务危机依然不时地引发市场恐慌,尤其是 2010 年 4 月和 2011 年 8 月,希腊、西班牙、葡萄牙、意大利等欧洲国家债务违约问题凸显,但随着欧洲央行、德国以及 IMF 等国家和组织的支持,欧洲债务危机出现阶段性的缓和,VIX 指数也出现下降。从图 5.2(a)可以看出,2008 年以后,每次 VIX 指数大幅增加或下降都对应着美元指数的大幅上升或下降,两者呈现出明显的正相关关系。

与美元相反,原油价格在危机阶段则表现出与 VIX 指数之间明显的负相关关系(图 6.4)。在市场恐慌情绪上升时,原油价格下跌;市场恐慌情绪缓解

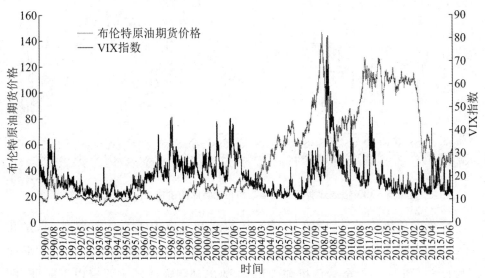

图 6.4　布伦特原油期货价格和 VIX 指数变化图

时,原油价格上涨。这主要由于两个方面的原因:一是金融危机后,市场恐慌的上升或下降背后都反映了市场对于未来宏观经济的悲观或乐观情绪,未来宏观经济的恶化或改善将减少或增加石油需求,从而导致原油价格下降或上升;二是自 2000 年以后,石油等大宗商品市场和外汇等金融市场一样,也逐步走向金融化,石油等商品价格主要由金融市场尤其是期货市场上的指数化交易(index speculation)行为决定(Tang,Xiong,2012;Cheng,Xiong,2013)。市场恐慌会导致投资者出于避险需求而抛售石油资产,转而投资其他安全资产或做空石油,导致价格下跌,而市场趋于平静将促使投资者抛售其他安全资产,购买石油资产或做多石油,导致价格上升。这两种力量相互结合,从而使原油价格与 VIX 指数间呈现负相关关系。图 6.5 进一步反映了上文 DCC-GARCH 方法计算的 VIX 指数分别与美元指数和原油价格的动态相关系数。可以看到,从 2008 年金融危机后,美元指数和原油价格与 VIX 指数之间的 DCC 系数分别呈现出明显的正向和负向关系,并且绝对数值明显增加,即 VIX 指数的变动带来了美元指数和原油价格的反向变动,直到 2013 年后出现向零"回归"的趋势,这说明金融危机后,VIX 指数成为影响美元指数与原油价格负向关系的关键中介因素。

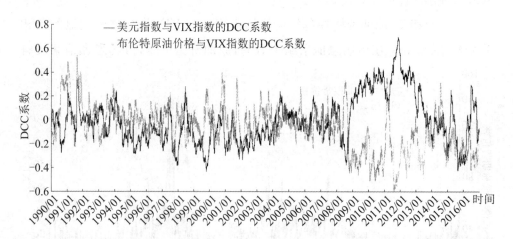

图 6.5　VIX 指数分别与美元指数和布伦特原油价格之间的 DCC 系数

在金融危机前,美元指数与 VIX 指数之间总体上关系并不显著,只是在 VIX 指数出现大幅波动时期,呈现出一定的负相关关系,这与金融危机后形成明显反差(图 6.5)。金融危机前 VIX 指数出现明显波动主要有以下时期,即 1990~1991 年、1997 年 10 月至 12 月、2001 年下半年至 2003 年上半年以及

2007年下半年至2008年上半年,除了2007年下半年至2008年上半年之外,其他3个时期的DCC系数均为负值,并且在VIX指数趋于平静后,两者DCC系数趋于零。而在2007年下半年至2008年上半年的时期内,两者没有呈现出明显的正向或负向关系。本书认为,这主要是由导致VIX指数变动的原因差异导致的(图5.5)。1990~1991年市场波动的原因是美国进攻伊拉克,1998年下半年是由于美国长期资产管理公司(LTCM)危机,而2001年下半年至2003年上半年是由于美国"9·11"恐怖袭击及之后的安然(Enron)、世通(Worldcom)等公司破产。由于这几次市场恐慌主要源于美国自身问题,外汇市场参与者更多的是将VIX指数上升看作美国的"局部"问题,导致投资者在外汇市场看空美元,导致美元下跌,随着VIX指数下降,投资者认为美国的"局部"问题得到缓解,短期内看多美元,导致美元上升,但随着VIX指数归于平静,投资者对市场情绪敏感度下降,使两者关系趋于零。由于未发生全球性的金融或经济危机,VIX指数更多反映的是美国金融市场的"局部"特征,美元的"安全天堂"功能没有显现,致使美元与VIX指数间相关性较弱,甚至在某些时期内呈现出短期的负向关系。而金融危机的爆发及后续的欧洲债务危机,使得VIX指数不仅能反映美国金融市场的问题,很大程度上也体现了投资者对全球金融市场稳定的判断,此时,VIX指数的上升或下降激发了市场的避险或冒险情绪,促使两者呈现明显的正向关系。当危机逐渐远去,市场情绪总体再次趋于平静,两者关系再次趋于零。

  类似的,金融危机前,原油价格和VIX指数之间的相关性也并不显著(图6.5)。除了1990~1991年表现出明显的正相关关系,其他时间段内,即使在VIX指数大幅波动的某些时间段内,也没有表现出明显的相关关系。而导致1990~1991年内表现出正向关系的根源主要是由于伊拉克以及科威特等中东重要产油国受到战争影响,一方面导致市场担心石油供给受到影响,另一方面美国的大规模军事行为引发金融市场恐慌,短期内看空美元,致使两者出现负向关系。同样的,随着金融危机的远去,VIX指数逐渐平稳,两者关系也再次趋于零。

  需要特别说明的是,从2014年7月开始,美元指数和石油价格呈现出相反的走势,石油价格出现急剧下跌,而美元指数总体不断上升,似乎呈现负相关关系,但事实上两者的动态相关系数却并没有趋于负向,反而趋向于零,表明美元上涨和国际油价下跌之间并不是完全对应的,两者总体走势上的相反只是一个巧合或短期现象,这同样符合本书的"关键中介变量"理论。因为国际油价下跌主要受到沙特拒绝石油减产、俄罗斯与欧美关系紧张的地缘政治、中国经济增长趋缓以及页岩气石油产量增加等诸多因素影响,美元指数上涨主要由于美国经济向好使得美联储退出量化宽松政策,而同时日本经济低迷促使日本央行实施新一轮的量化宽松政策,以及欧洲经济不振促使欧洲央行酝酿并推出量化宽松政策,因此,两者缺乏一个共同的关键影响因素。此外,由于国际油价下跌迅速并且突然,市场并未形成一个长期、稳定的下跌趋势预期,因此金融市场没有明显的对冲策略和行为,国际油价和美元汇率的波动受各自因素影响,缺乏共同的"关键中介因素",致使两者虽然总体上走势相反,但相关程度微弱。

可以说,在市场趋势性特征明显的时期,市场预期及由此引起的对冲交易策略是两者负向关系的中介,在金融危机时期,金融市场情绪是两者负向关系的中介,那么在市场趋势不明显和非危机时期,由于缺乏同时影响两种资产价格变动的关键中介因素,也致使两者相关程度较弱。

第7章 投资与政策建议

7.1 投资建议

随着全球经济的不断发展,金融市场因素已逐渐超过了基本面因素,成为影响全球石油价格的最重要因素。因此,对于市场上的投资者而言,在参与全球石油市场的过程中,不仅要关注影响石油价格的基本面因素如供求等,还应更加关心全球金融市场的发展变化。观察市场参与者的投机活动,了解他们对于未来市场走向的预期,有助于投资者判断未来石油价格的波动情况。作为石油价格的计价货币,美元与石油价格有着密不可分的联系,因而,投资者在进行石油交易时,美元指数的走势是一个重要的参考因素。此外,全球各国的货币政策不仅直接影响全球的货币供应量,也会间接影响到人们对未来经济发展的预期,一个宽松的货币政策可能会带来石油价格的上升,因此,市场投资者还要关心全球主要国家及组织,如美国、日本、欧盟、中国等的宏观经济政策,并根据政策来判断是否应该参与市场交易。

7.2 政策建议

目前全球的石油价格基准依然是西德克萨斯原油和布伦特原油,这两者都是以美元进行计价的。中国作为全球最重要的原油需求国,国内市场石油价格总体上依然跟随国际原油价格进行调整,尚未成为全球原油价格定价体系的重要组成部分。国内企业在参与石油市场时,不仅要面临石油本身价格波动的风险,还要承受由于汇率波动而带来的风险。因此,为了降低这些风险,助力中国经济的稳定发展,需要采取有效的措施来增强中国特别是中国金融市场在原油价格中的地位。

首先,我们应高度重视中国原油期货的发展,借鉴国内外原油期货市场发展的历史经验,吸取历史教训,紧密结合中国发展的实际状况,在增加市场参与度,活跃市场的同时,加强法制化建设和市场监管,防范可能存在的金融风险。采取循序渐进的方式,逐步扩大中国原油期货在全球的影响力。上海国际能源交易中心推出的中质含硫原油,作为中东地区的主要产油品种,占全球原油产量的44%。以该原油作为中国原油期货的交易品种,具有亚太地区特色,有助于扩大中国在东亚地区的影响力,可进一步积极推进市场的完善,以期形成反映中国乃至亚太地区原油市场供需关系的基准价格,加强与"一带一路"沿线国家的合作交流,吸引更多投资者参与,逐步将中国原油市场推向"一带一路"国家及新兴经济体,最终实现在全球原油市场中站稳脚跟,提高中国石油话语权、定价权的目标。

其次,上海原油期货市场作为一个新生的市场,其发展前景向好,存在较大的进步空间。要想进一步发挥原油的期货功能,需要政府与市场参与者的有效支持与配合。具体包括:

(1) 提高中国原油期货市场的活跃度。一方面,要保证信息透明公开,使市场投资者能够充分了解中国原油期货合约的一系列规则,为他们参与市场提供便利;同时,转变企业观念,对相关企业进行培训,积极引导他们正确参与期货市场,扩大市场参与规模。另一方面,要加强与其他国家的能源合作,特别是与中国有着原油贸易往来的国家的合作,在税收政策和保证金制度设计上为境外投资者提供便利,如境外个人投资者参与原油期货交易三年内免征个人所得税政策和准许使用美元作为保证金政策等。这不仅有利于降低上海期货市场以国外原油为交易主体而带来的交易风险,而且有这些国家原油贸易商和境外投资者的广泛参与,还可以提高中国原油期货的认可度,使他们在活跃中国原油期货市场的同时也可以扩大自己的影响力,从而进一步提高境外对中国原油期货市场的参与度,促进市场的成长。

(2) 推进原油期货交割的配套基础设施建设,解决当前交割库分布分散的问题,设立交割中心,尽量采用就近原则,为市场参与者提供交易便利,同时减少交割后原油的运输成本。

(3) 进一步扩大对外开放,借鉴国际期货市场的历史经验,参考国际期货交易市场的合约设计、交易规则制定等内容,并结合中国原油期货市场实际,丰富市场交易的产品结构,满足多样化的市场参与者的需求。逐步推进中国原油期货市场与国际接轨,扩大中国原油期货市场在国际市场上的认可度,以进一步提高国际影响力。

(4) 加强市场监管,并完善相关法律制度,坚持"公开、公平、公正"的原则,在便利市场参与者的同时也要注重防范风险,为中国原油期货市场的进一步成长保驾护航。

参 考 文 献

Akram F Q, 2009. Prices interest commodity rates, and the dollar[J]. Energy Economics, 31: 838-851.

Allen D E, Amram R, McAleer M, 2013. Volatility spillovers from the Chinese stock market to economic neighbours[J]. Mathematics and Computers in Simulation, 94: 238-257.

Allen D E, Morris S, Hyun S S, 2006. Beauty contests and iterated expectations in asset markets[J]. Review of Financial Studies, 19: 719-752.

Almoguera P A, Douglas C, Herrera A M, 2011. Testing for the cartel in OPEC: non-cooperative collusion or just non-cooperative? [J]. Oxford Review of Economic Policy, 27: 144-168.

Aloui R, Aïssa B, Nguyen D, 2013. Conditional dependence structure between oil prices and exchange rates: a copula-GARCH approach[J]. Journal of International Money and Finance, 32(1): 719-738.

Alquist R, Gervais O, 2013. The role of financial speculation in driving the price of crude oil[J]. Energy Journal, 34: 35-54.

Alquist R, Kilian L, 2010. What do we learn from the price of crude oil futures? [J]. Journal of Applied Econometrics, 25: 539-573.

Alsalman Z, Herrera A M, 2015. Oil price shocks and the US stock market: do sign and size matter? [J]. Energy Journal, 36: 171-180.

Amano J, Robert A, Norden S, 1998. Exchange rates and oil prices[J]. Review of International Economics, 4: 683-694.

Anzuini A, Lombardi M J, Pagano P, 2012. The impact of monetary policy shocks on commodity prices[R]. Roman: Bank of Italy.

Arseneau D M, Leduc S, 2013. Commodity price movements in a general equilibrium model of storage[J]. IMF Economic Review, 61: 199-224.

Atkeson A, Kehoe P J, 1994. Modes of energy use: putty-putty versus putty-clay[J]. American Economic Review, 89: 1028-1043.

Balasubramaniam V, Patnaik I, Shah A, 2011. Who Cares about the Chinese Yuan[R]. New Delhi: National Institute of Public Finance and Policy.

Barsky R B, Kilian L, 2001. Do we really know that oil caused the great stagflation? A monetary alternative[J]. NBER Macroeconomics Annual, 16: 137-183.

Barsky R B, Kilian L, 2004. Oil and the macroeconomy since the 1970s[J]. Journal of Economic Perspectives, 18: 115-134.

Baumeister C, Kilian L, 2012. Real-time forecasts of the real price of oil[J]. Journal of Business and Economic Statistics, 30: 326-336.

Baumeister C, Peersman G, 2013. The role of time-varying price elasticities in accounting for volatility changes in the crude oil market[J]. Journal of Applied Econometrics, 28: 1087-1109.

Baum C F, Kurov A, Wolfe M H, 2015. What do Chinese macro announcements tell us about the world economy?[J]. Journal of International Money and Finance, 59: 100-122.

Behar A, Ritz R A, 2017. OPEC vs US shale: analyzing the shift to a market-share strategy[J]. Energy Economics, 63: 185-198.

Beirne J, Beulen C, Liu G, et al., 2013. Global oil prices and the impact of China[J]. China Economic Review, 27: 37-51.

Belke A, Bordon I G, Hendricks T W, 2010. Global liquidity and commodity prices: a cointegrated VAR approach for OECD countries[J]. Applied Financial Economics, 20: 227-242.

Belke A, Bordon I G, Hendricks T W, 2014. Monetary policy, global liquidity and commodity price dynamics[J]. North American Journal of Economics and Finance, 28: 1-16.

Belke A, Orth W, Setzer R, 2010. Liquidity and the dynamic pattern of asset price adjustment: a global view[J]. Journal of Banking and Finance, 34: 1933-1945.

Bernanke B S, 1983. Irreversibility, uncertainty, and cyclical investment[J]. Quarterly Journal of Economics, 98: 85-106.

Branson W H, 1993. Macroeconomic determinants of real exchange risk[M].

Garnbridge: Cambridge University Press.

Brunetti C, Buyuksahin B, Harris J H, 2010. Is speculation destabilizing? [R]. Washington D. C. : CFTC.

Büyükşahin B, Haigh M, Robe M, 2010. Commodities and equities: ever a "market of one"? [J]. Journal of Alternative Investments, 12: 76-95.

Büyükşahin B, Haigh S M, Harris J H, et al. , 2011. Fundamentals, trader activity and derivative pricing [C]. Bergen: EFA 2009 Bergen Meeting Paper.

Büyükşahin B, Harris J, 2011. Do speculators drive crude oil futures prices? [J]. Energy Journal, 32(2): 167-202.

Büyükşahin B, Robe M A, 2014. Speculators, commodities and cross-market linkages[J]. Journal of International Money and Finance, 42: 38-70.

Cairns J, Ho C, McCauley R, 2007. Exchange rates and global volatility: implications for Asia-Pacific currencies[J]. BIS Quarterly Review, 41-52.

Cashin P, Céspedes L F, Sahay R, 2004. Commodity currencies and the real exchange rate[J]. Journal of Development Economics, 75: 239-268.

Chang E C, 1985. Returns to speculators and the theory of normal backwardation? [J]. Journal of Finance, 40: 193-208.

Cheng I H, Xiong W, 2013. The financialization of commodity markets[J]. Social Science Electronic Publishing, 2: 20-23.

Cheng K, 2008. Dollar depreciation and commodity prices[R]. Washington D. C. : IMF World Economic Outlook.

Chen H, Liao H, Tang B J, et al. , 2016. Impacts of OPEC's political risk on the international crude oil prices: an empirical analysis based on the SVAR models[J]. Energy Economics, 57: 42-49.

Choi K, Hammoudeh S, 2010. Volatility behavior of oil, industrial commodity and stock markets in a regime-switching environment[J]. Energy Policy, 38 (8): 4388-4399.

Chong J, Miffre J, 2010. Conditional correlation and volatility in commodity futures and traditional asset markets[J]. Journal of Alternative Investments, 12: 61-75.

Cifarelli G, Paladino G, 2010. Oil price dynamics and speculation: a multivariate financial approach[J]. Energy Economics, 32: 363-372.

Coudert V, Mignon V, 2016. Reassessing the empirical relationship between the oil price and the dollar[J]. Energy Policy,95: 147-157.

Creti A, Joëts M, Mignon V, 2013. On the links between stock and commodity markets' volatility[J]. Energy Economics, 37: 16-28.

Cuddington J T, Jerrett D, 2008. Super cycles in real metal prices[J]. IMF Staff Paper, 55: 541-565.

Davidson P, 2008. Crude oil prices: market fundamentals or speculation? [J]. Challenge, 51: 1110-1118.

Davis L W, Kilian L, 2011. Estimating the effect of a gasoline tax on carbon emissions[J]. Journal of Applied Econometrics, 16: 1187-1214.

Dees S, Karadeloglou P, Kaufmann R, 2007. Modelling the world oil market: assessment of a quarterly econometric model [J]. Energy Policy, 35: 178-191.

Delattea A L, Lopez C, 2013. Commodity and equity markets: Some stylized facts from a copula approach[J]. Journal of Banking & Finance, 37: 5346-5356.

Delong J B, Shleifer A, Summers L, et al. , 1990. Noise trader risk in financial markets[J]. Journal of Political Economy, 98: 703-738.

Delong J D, Shleifer A, Summers L H, et al. , 1990. Positive feedback investment strategies and destabilizing rational speculation[J]. Journal of Finance, 45 (2): 379-395.

Demirer R, Kutan A M, 2010. The behavior of crude oil spot and futures prices around OPEC and SPR announcements: an event study perspective[J]. Energy Economics, 32: 1467-1476.

Didier T, Love I, Peria M, 2011. What explains co-movement in stock market returns during the 2007-2008 crisis? [J]. International Journal of Finance and Economics,17(2): 182-202.

Diebold F X, Nerlove M, 1990. The dynamics of exchange rate volatility: a multivariate latent factor ARCH model [J]. Journal of Applied Econometrics, 4: 1-21.

Diebold F X, Yilmaz K, 2012. Better to give than to receive: predictive directional measurement of volatility spillovers[J]. International Journal of Forecasting, 28(1): 57-66.

Diebold F X, Yilmaz K, 2009. Measuring financial asset return and volatility spillovers, with application to global equity markets[J]. Economic Journal,

119: 158-171.

Dornbusch R, Fischer S, 1980. Exchange rates and the current account[J]. American Economic Review, 70(5): 960-971.

Dornbusch R, 1976. Expectations and exchange rate dynamics[J]. Journal of Political Economy, 84(6): 1161-1176.

Dvir E, Rogoff K, 2009. Three epochs of oil[R]. Boston: Boston College.

Ehrmann M, Fratzscher M, Rigobon R, 2011. Stocks, bonds, money markets and exchange rates: measuring international financial transmission [J]. Journal of Applied Econometrics, 26(6): 948-974.

Engle R F, Ito T, Lin W, 1990. Meteor showers or heat waves? Heteroskedastic intra-daily volatility in the foreign exchange market[J]. Econometrica, 58: 525-542.

Engle R F, 2002. Dynamic conditional correlation: a simple class of multivariate GARCH models[J]. Journal of Business and Economic Statistics, 20 (3): 339-350.

Erb C B, Harvey C R, 2006. The strategic and tactical value of commodity futures[J]. Financial Analysts Journal, 62: 69-97.

Erceg C, Guerrieri L, Kamin S B, 2011. Did easy money in the dollar bloc fuel the oil price run-up? [J]. International Journal of Central Banking, 7: 131-160.

Etienne X L, Irwin S H, Garcia P, 2014. Bubbles in food commodity markets: four decades of evidence[J]. Journal of International Money and Finance, 42: 129-155.

Fama E F, French K R, 1987. Commodity futures prices: some evidence on forecast power, premiums, and the theory of storage [J]. Journal of Business, 60: 55-73.

Fattouh B, Scaramozzino P, 2011. Uncertainty, expectations, and fundamentals: whatever happened to long-term oil prices? [J]. Oxford Review of Economic Policy, 27(1): 186-206.

Fattouh B, 2010. The dynamics of crude oil differentials[J]. Energy Economics, 32: 334-342.

Ferraro D, Rogoff K, Rossi B, 2015. Can oil prices forecast exchange rates? An empirical analysis of the relationship between commodity prices and exchange rates[J]. Journal of International Money and Finance, 54: 116-141.

Filis G, Degiannakis S, Floros C, 2011. Dynamic correlation between stock market and oil prices: the case of oil-importing and oil-exporting countries [J]. International Review of Financial Analysis, 20(3): 152-164.

Frankel J A, Hardouvelis G A, 1985. Commodity prices, money surprises and fed credibility[J]. Journal of Money, Credit and Banking, 17(4): 425-438.

Frankel J A, Wei S J, 1994. Yen bloc or dollar bloc? Exchange rate policies of the East Asian economies[M]. Chicago: University of Chicago Press.

Frankel J A, 1986. Expectations and commodity price dynamics: the overshooting model[J]. American Journal of Agricultural Economics, 68(2): 344-348.

Fratzscher M, Mehl A, 2014. China's dominance hypothesis and the emergence of a tri-polar global currency system[J]. Economic Journal, 124: 1343-1370.

Fry R, Adrian P, 2011. Sign restrictions in structural vector autoregressions: a critical review[J]. Journal of Economic Literature, 49: 938-960.

Gillman M, Nakov A, 2009. Monetary effects on nominal oil prices[J]. North American Journal of Economics and Finance, 20: 239-254.

Glick R, Leduc S, 2012. Central bank announcements of asset purchases and the impact on global financial and commodity markets [J]. Journal of International Money and Finance, 31: 2078-2101.

Golombeka R, Irarrazabal A A, Ma L, 2018. OPEC's market power: an empirical dominant firm model for the oil market[J]. Energy Economics, 70: 98-115.

Gorton G, Rouwenhorst K G, 2006. Facts and fantasies about commodity futures [J]. Financial Analyst Journal, 62(2): 47-68.

Hamilton J D, 1996. This is what happened to the oil price -macroeconomy relationship[J]. Journal of Monetary Economics, 38: 215-220.

Hamilton J D, 2003. What is an oil shock? [J]. Journal of Econometrics, 113: 363-398.

Hamilton J D, Wu J, 2014. Risk premia in crude oil futures prices[J]. Journal of International Money and Finance, 42: 9-37.

Hamilton J D, 2009. Causes and consequences of the oil shock of 2007-08[M]. Washington: Brookings Institution Press, 215-259.

Hamilton J D, 1983. Oil and the macroeconomy since World War II[J]. Journal of Political Economy, 91: 228-248.

Hamilton J D, 2009. Understanding crude oil prices[J]. Energy Journal, 30: 179-206.

Hammoudeh S, Nguyen D K, Sousa R M, 2015. U. S monetary policy and sectoral commodity prices[J]. Journal of International Money and Finance, 57: 61-85.

Harvey A, Ruiz E, Sentana E, 1992. Unobserved component time series models with arch disturbances[J]. Journal of Econometrics, 52(1-2): 129-157.

Hong H G, Yogo M, 2012. What does futures market interest tell us about the macroeconomy and asset prices?[J]. Journal of Financial Economics, 105: 473-490.

Hotelling H, 1931. The economics of exhaustible resources[J]. Journal of Political Economy, 39: 137-175.

Hua P, 1998. On primary commodity prices: the impact of macroeconomic and monetary shocks[J]. Journal of Policy Modeling, 20: 767-790.

Hughes J, Knittel C, Sperling D, 2008. Evidence of a shift in the short-run price elasticity of gasoline[J]. Energy Journal, 29: 113-134.

Hui B, 2014. Effect of inventory announcements on crude oil price volatility[J]. Energy Economics, 46: 485-494.

Irwin S H, Sanders D R, Merrin R P, 2009. Devil or angel? The role of speculation in the recent commodity price boom[J]. Journal of Agricultural and Applied Economics, 41: 377-391.

Irwin S H, Sanders D R, 2012. Testing the masters hypothesis in commodity futures markets[J]. Energy Economics, 34: 256-269.

Jawadi F, Louhichi W, Ben H A, et al., 2016. On oil-US exchange rate volatility relationships: an intraday analysis[J]. Economic Modelling, 59: 329-334.

Juvenal L, Petrella I, 2015. Speculation in the oil market[J]. Journal of Applied Econometrics, 39: 621-649.

Karali, Berna, Octavio A, et al., 2014. Macro determinants of volatility and volatility spillover in energy markets[J]. Energy Economics, 46: 413-421.

Kaufmann R K, 2011. The role of market fundamentals and speculation in recent price changes for crude oil[J]. Energy Policy, 39(1): 105-115.

Kaufmann R K, Ullman B, 2009. Oil prices, speculation, and fundamentals: interpreting causal relations among spot and futures prices[J]. Energy

Economics, 31(4): 550-558.

Kilian L, Hicks B, 2012. Did unexpectedly strong economic growth cause the oil price shock of 2003-2008?[J]. Journal of Forecasting, 32(5): 385-394.

Kilian L, Lewis L T, 2009. Does the Fed respond to oil price shocks?[J]. Economic Journal, 121: 1047-1072.

Kilian L, Murphy D P, 2014. The role of inventories and speculative trading in the global market for crude oil[J]. Journal of Applied Econometrics, 29: 454-478.

Kilian L, 2005. Exogenous oil supply shocks: how big are they and how much do they matter for the US economy?[J]. Review of Economics & Statistics, 90: 216-240.

Kilian L, 2009. Not all oil price shocks are alike: disentangling demand and supply shocks in the crude oil market[J]. American Economic Review, 99: 1053-1069.

Kilian L, 2010. The economic effects of energy price shocks[J]. Journal of Economic Literature, 46: 871-909.

Kilian L, Lee T K, 2014. Quantifying the speculative component in the real price of oil: the role of global oil inventories[J]. Journal of International Money and Finance, 42: 71-87.

Kilian L, Murphy D P, 2012. Why agnostic sign restrictions are not enough: understanding the dynamics of oil market VAR models[J]. Journal of the European Economic Association, 10: 1166-1188.

Kilian L, 2010. Explaining fluctuations in us gasoline prices: a joint model of the global crude oil market and the US retail gasoline market[J]. Energy Journal, 31: 87-112.

Killian L, 2016. The impact of the shale oil revolution on U.S. oil and gasoline prices[J]. Review of Environmental Economics and Policy, 10(2): 185-205.

King M, Wadhwani S, 1990. Transmission of volatility between stock markets[J]. Review of Financial Studies, 3: 5-33.

King M, Sentata E, Wadhwani S, 1990. A heteroskedastic factor model of asset returns and risk premia with time-varying volatility: an application to sixteen world stock markets[R]. London: London School of Economics.

Krichene N, 2005. A simultaneous equations model for world crude oil and natural gas markets[M]. Washington D.C.: International Monetary Fund.

Lin W L, Engle R F, Ito T, 1994. Do bulls and bears move across borders? International transmission of stock returns and volatility[J]. Review of Financial Studies, 7: 507-538.

Liu L G, Pauwels L, 2012. Do external political pressures affect the Renminbi exchange rate? [J]. Journal of International Money and Finance, 31: 1800-1818.

Lizardo R A, Mollick A, 2010. Oil price fluctuations and U. S. dollar exchange rates[J]. Energy Economics, 32(2): 399-408.

Lutkepohl H, 2006. Structural vector autoregressive analysis for cointegrated variables[J]. Allgemeines Statistisches Archiv, 90(1): 75-88.

Malik F, Ewing B T, 2009. Volatility transmission between oil prices and equity sector returns[J]. International Review of Financial Analysis, 18: 95-100.

Martina E, Rodriguez E, Escarela-Perez R, et al., 2011. Multiscale entropy analysis of crude oil price dynamics[J]. Energy Economics, 33(5): 936-947.

Masters M W, 2008. Testimony before the committee on homeland security and governmental affairs[R]. Washington D. C. : US Senate.

McCauley R N, McGuire P, 2009. Dollar appreciation in 2008: safe haven, carry trades, dollar shortage and overhedging[J]. BIS Quarterly Review, (4): 85-93.

McLeod, Roger C D, Haughton A Y, 2018. The value of the US dollar and its impact on oil prices: evidence from a non-linear asymmetric cointegration approach[J]. Energy Economics, 70: 61-69.

Mensah Lord, Obi P, Bokpin G, 2017. Cointegration test of oil price and us dollar exchange rates for some oil dependent economies[J]. Research in International Business and Finance, 42: 304-311.

Mensi W, Beljid M, Boubaker A, et al., 2013. Correlations and volatility spillovers across commodity and stock markets: linking energies, food, and gold [J]. Economic Modelling, 32(32): 15-22.

Michelis L, Ning C, 2010. The dependence structure between the Canadian stock market and the USD/CAD exchange rate: a copula approach[J]. Canadian Journal of Economics, 43(3): 1016-1039.

Morana C, 2013. Oil price dynamics, macro-finance interactions and the role of financial speculation[J]. Journal of Banking and Finance, 37: 206-226.

Narayan P K, 2005. The saving and investment nexus in China: evidence from cointegration tests[J]. Applied Economics,37(17): 1979-1990.

Ning C, 2010. Dependence structure between the equity market and the foreign exchange market: a copula approach[J]. Journal of International Money and Finance, 29(5): 743-759.

Nishimura Y, Tsutsui Y, Hirayama K, 2015. Intraday return and volatility spillover mechanism from Chinese to Japanese stock market[J]. Journal of the Japanese and International Economies, 35: 23-42.

Pagan A, 1980. Some identification and estimation results for regression models with stochastically varying coefficients[J]. Journal of Econometrics, 13: 341-383.

Pershin V, Molero J C, Gracia D, 2016. Exploring the oil prices and exchange rates nexus in some African economies[J]. Journal of Policy Modeling, 38: 166-180.

Pesaran M H, Shin Y, Smith R, 2001. Bounds testing approaches to the analysis of level relationships[J]. Journal of Applied Econometrics, 16(3): 289-326.

Pesaran M H, Shin Y, 1996. Cointegration and speed of convergence to equilibrium[J]. Journal of Econometrics, 71(1-2): 117-143.

Pirrong C S, 1994. Squeezes, corpses, and the anti-manipulation provisions of the commodity exchange regulation act[J]. Regulation, 17: 52-63.

Portes R, Rey H, 1998. Euro vs dollar, will the euro replace the dollar as the world currency?[J]. Economic Policy, 306-342.

Qadan M, Nama H, 2018. Investor sentiment and the price of oil[J]. Energy Economics, 69: 42-58.

Ranaldo A, Söderlind P, 2007. Safe haven currencies[R]. Swiss: University of St. Gallen.

Ratti R, Vespignani J L, 2016. Oil prices and global factor macroeconomic variables[J]. Energy Economics, 59: 198-212.

Reboredo J, Rivera-Castro M, Ugolini A, 2016. Downside and upside risk spillovers between exchange rates and stock prices[J]. Journal of Banking & Finance, 62: 76-96.

Reboredo J, Rivera-Castro M, Zebende G F, 2014. Oil and US dollar exchange rate dependence: a detrended cross-correlation approach[J]. Energy Economics, 42: 132-139.

Roon F, Nijman T, Veld C, 2000. Hedging pressure effects in futures markets?

[J]. Journal of Finance, 55: 1437-1456.

Sari R, Hammoudeh S, Soytas U, 2009. Dynamics of oil price, precious metal prices, and exchange rate[J]. Energy Economics, 32(2): 351-362.

Silvennoinen A, Thorp S, 2013. Financialization, crisis and commodity correlation dynamics [J]. Journal of International Financial Markets, Institutions and Money, 24: 42-65.

Smith J L, 2005. Inscrutable OPEC? Behavioral tests of the cartel hypothesis[J]. Energy Journal, 26: 51-82.

Stoll H R, Whaley R E, 2011. Commodity index investing: speculation or diversification[J]. Journal of Alternative Investments, 14: 50-62.

Tang K, Xiong W, 2012. Index investment and the financialization of commodities[J]. Financial Analysts Journal, 68(6): 54-74.

Tokic D, 2011. Rational destabilizing speculation, positive feedback trading, and the oil bubble of 2008[J]. Energy Policy, 39: 2051-2061.

Tsutsui Y, Hirayama K, 2005. Estimation of the common and country-specific shock to stock prices [J]. Journal of the Japanese and International Economies, 19: 322-337.

Ulig H, 2005. What are the effects of monetary policy on output? Results from an agnostic identification procedure[J]. Journal of Monetary Economics, 52: 381-419.

Vivian A, Wohar M E, 2012. Commodity volatility breaks[J]. Journal of International Financial Markets, Institutions and Money, 22(2): 395-422.

Wang Y C, Wu J L, Lai Y H, 2013. A revisit to the dependence structure between the stock and foreign exchange markets: a dependence switching copula approach[J]. Journal of Banking and Finance, 37(5): 1706-1719.

Wang Y, Wu C, Yang L, 2013. Oil price shocks and stock market activities: evidence from oil-importing and oil-exporting countries[J]. Journal of comparative Economics, 41: 1220-1239.

Watson M W, Engle R F, 1983. Alternative algorithms for the estimation of dynamic factor, MIMIC and varying coefficient regression models [J]. Journal of Econometrics, 23: 385-400.

Working H, 1960. Speculation on hedging markets[J]. Food Research Institute Studies, 1: 185-220.

Working H, 1949. The theory of the supply of storage[J]. American Economic

Review, 39: 1254-1262.

Wu C C, Chung H M, Chang Y H, 2012. The economic value of co-movement between oil price and exchange rate using copula-based GARCH models[J]. Energy Economics, 34(1): 270-282.

Yousefi A, Wirjanto T, 2004. The empirical role of the exchange rate on the crude-oil price formation[J]. Energy Economics, 26(5): 783-799.

Zhang Y F, Fan Y, Tsai H T, et al., 2008. Spillover effect of US dollar exchange rate on oil prices[J]. Journal of Policy Modeling, 30(6): 973-991.

曹广喜,崔维军,韩彦,2014. 人民币汇率弹性调整对我国汇市与股市关系的影响:基于长记忆 VAR-(BEKK)MVGARCH 模型[J]. 数理统计与管理(6):1101-1112.

陈守东,韩广哲,荆伟,2003. 主要股票市场指数与我国股票市场指数间的协整分析[J]. 数量经济技术经济研究(5):124-129.

杜伟,2007. 期货投机因素与油价:基于格兰杰因果检验和 ADL 模型的分析[J]. 经济科学(4):70-83.

关旭,2010. 国际大宗商品价格波动的中国因素研究:以有色金属为例[D]. 复旦大学.

韩非,肖辉,2005. 中美股市间的联动性分析[J]. 金融研究(11):117-129.

李自然,成思危,祖垒,2011. 基于格兰杰因果检验遍历性分析的中国股市和国际股市的时变联动特征研究[J]. 系统科学与数学(2):131-143.

刘湘云,朱春明,2008. 美元贬值和石油价格变动相关性的实证分析[C]. 国际金融研究(11):50-55.

宋玉华,林治乾,孙泽生,2008. 期货市场、对冲基金与国际原油价格波动[J]. 国际石油经济(4):9-17.

宋增基,刘芍佳,2009. 中国经济增长对世界石油价格影响的定量研究[J]. 中国软科学(7):56-66.

孙泽生,管清友,2009. 投机与国际石油价格波动:基于贸易中介视角的分析[J]. 国际经济评论(3):57-59.

谭小芬,刘阳,张明,2014. 国际大宗商品价格波动:中国因素有多重要:基于 1997～2012 年季度数据和 VECM 模型的实证研究[J]. 国际金融研究(10):75-85.

谭小芬,任洁,2014. 国际大宗商品价格波动中的中国因素:基于 2000～2013 年月度数据和递归 VAR 模型的分析[J]. 财贸经济(10):114-124.

王健,2014. 中美股市联动性:基于极大重叠离散小波变换的研究[J]. 世界经济文汇(2):72-89.

许祥云,朱钧钧,郭朋,2008. 国际金融市场动荡和人民币 NDF 汇率的动态关系分析[J]. 国际金融研究(6):67-77.

张兵,范致镇,李心丹,2010. 中美股票市场的联动性研究,经济研究(4):141-151.

张兵,封思贤,李心丹,等,2008. 汇率与股价变动关系:基于汇改后数据的实证研究[J]. 经济研究(9):70-81.

张光平,2012. 人民币衍生产品[M]. 2 版. 北京:中国金融出版社.

张峻晓,谭小芬,2015. 国际大宗商品价格波动:基本面还是投机因素:基于 2003~2014 年全样本 VAR 和滚动 VAR 模型的分析[J]. 金融评论(3):59-74.

周虎群,李育林,2010. 国际金融危机下人民币汇率与股价联动关系研究[J]. 国际金融研究(8):69-76.